Thomas Murner

Badenfahrt

Neudruck nach der Ausg. Strassburg 1514, mit Erläuterungen insbesondere über das altdeutsche Badewesen

Thomas Murner

Badenfahrt

Neudruck nach der Ausg. Strassburg 1514, mit Erläuterungen insbesondere über das altdeutsche Badewesen

ISBN/EAN: 9783743415836

Hergestellt in Europa, USA, Kanada, Australien, Japan

Cover: Foto ©ninafisch / pixelio.de

Manufactured and distributed by brebook publishing software (www.brebook.com)

Thomas Murner

Badenfahrt

BEITRÄGE

ZUR

LANDES- UND VOLKESKUNDE

VON

ELSASS-LOTHRINGEN

II. HEFT

BADENFAHRT VON THOMAS MURNER

NEUDRUCK NACH DER AUSGABE STRASSBURG 1514

MIT ERLÄUTERUNGEN INSBESONDERE ÜBER DAS ALTDEUTSCHE BADEWESEN

VON

ERNST MARTIN
Professor an der Universität Strassburg

MIT SECHS ZINKÄTZUNGEN

STRASSBURG
J. H. ED. HEITZ (HEITZ & MÜNDEL)
1887

Die unterzeichnete Verlagshandlung beabsichtigt unter dem Titel :

BEITRÄGE

zur

LANDES- UND VOLKESKUNDE

von

ELSASS-LOTHRINGEN

in zwangloser Folge Abhandlungen und Mittheilungen erscheinen zu lassen aus dem Gebiete der Geschichte und Litteraturgeschichte von Elsass und Lothringen, Beiträge zur Kunde der natürlichen geographischen Beschaffenheit des Landes, seiner Bevölkerung und seiner Bevölkerungsverhältnisse in der Gegenwart und in der Vergangenheit, seiner Alterthümer, seiner Künste und kunstgewerblichen Erzeugnisse; sie wird daneben selten gewordene litterarische Denkmäler durch Neudruck allgemeiner zugänglich machen, und durch Veröffentlichung von Erhebungen über Volksart und Volksleben, über Sitte und Brauch der Stände, über Aberglauben und Ueberlieferungen, über Singen und Sagen der Landesgenossen deutscher und romanischer Zunge das Interesse an der elsass-lothringischen Volkskunde zu befördern suchen.

siehe dritte Seite des Umschlags.

BADENFAHRT/

VON

THOMAS MURNER

NEUDRUCK NACH DER AUSGABE STRASSBURG 1514

MIT ERLÄUTERUNGEN

INSBESONDERE ÜBER DAS ALTDEUTSCHE BADEWESEN

VON

ERNST MARTIN

Professor an der Universität Strassburg

Mit sechs Zinkätzungen

STRASSBURG
J. H. ED. HEITZ (HEITZ & MÜNDEL).
1887.

Ein dreifaches Interesse knüpft sich an **Murners Badenfahrt**. Einmal nimmt dies Gedicht unter seinen Werken[1] eine eigentümliche Stellung ein: nur hier zeigt sich der Lachlustige ernst, der Spötter gefühlvoll. Auch wer nicht mit seiner Frömmigkeit sympathisiert, wird ihm das Lob des Strassburger Münsters am Schlusse seines Gedichts hoch anrechnen und die Erinnerung an seinen Vater gelten lassen, der ihn ermahnte aus der Ferne bei jeder Gelegenheit einen Gruss an die Schutzpatronin der Stadt zu senden: freilich kann Murner es nicht lassen nach seiner Art den Boten zu necken, dem er diesen Gruss aufträgt, indem er ihn zuerst nur bittet « die Tausendschöne » daheim zu grüssen, und erst, als der Bote über den Auftrag des Barfüssers stutzt, ihm die nähere Erläuterung gibt. Heimatsgefühl verrät auch die Erwähnung der zwei Mariencapellen vor der Stadt: der südlich gelegenen « zu der Eiche », wenig nördlich vom Orte Kraft, und der westlichen zu « Wiffersheim », d. i. jetzt Wiwersheim gegen Truchtersheim hin. Von auswärtigen Orten erwähnt er noch den Göppinger Sauerbrunnen (XXVIII), dessen Wasser noch jetzt in Würtemberg sein volles Ansehen hat; ferner Frankfurt, wo Murner 1511 und in den nächsten Jahren predigte und sich auch mit hebräischen Studien abgab, welche er in Abschnitt XXV seiner

---

[1] Ueber Murners Leben und Werke s. meinen Artikel in der Allg. Deutschen Biographie.

Badenfahrt verwertet hat. Auf dem Wege dahin, bei der Fahrt
Rhein abwärts (I. V. XXXIV), zog er sich eine heftige Erkältung
zu, die ihn zwang eine Cur im Maienbad (XXXIV, 6) zu gebrauchen. Dies gab ihm den Anlass zu unserem Gedicht. Unfähig
zu predigen, will er doch nicht müssig gehn, nicht «den Bettel
umsonst fressen» (XXXIV, 82), sondern seine Gelehrsamkeit
dem Volke, von dessen milden Gaben er wie seine Ordensbrüder lebe, als Dichter nutzbar machen. Für den Gelehrten
setzt er (XXXIV, 101 ff.) die Schriftstellen, auf die er sich
stützt, lateinisch an den Rand: es sind Belege aus der Bibel,
Ambrosius, Augustinus, Scotus u. a. Kirchenlehrern, aber auch
aus Cicero, Sallust, Horaz, Ovid u. s. w. Die tröstliche Versicherung, dass alle Auferstandenen die Grösse und Leibesbeschaffenheit erhalten werden, die sie drei und dreissigjährig
gehabt haben oder gehabt haben würden, weil Christus in
diesem Alter gestorben und wieder auferstanden sei, stützt er
auf den Magister sen(tentiarum?) li. XII dis. XLIIIj.
Im Ganzen ist das Gedicht aber volkstümlich gehalten, zuweilen
mit all der Derbheit ausgestattet, die keinem andern, auch in
seiner Zeit nicht, so zur andern Natur geworden war. Man freut
sich doch bei ihm ein solches Sprichwort zu finden wie XX
13. 14: Trink und iss, Gott nit vergiss! Bewahr' dein' Ehr!
Der Tod ist gewiss.

Es ist anzunehmen dass Murner, wie er es von seinen
Gedichten im Allgemeinen aussagt, auch über seine Badenfahrt
gepredigt hat, und so darf sein Gedicht auch zweitens als ein
Zeugnis für die **Predigt vor der Reformation** gelten.
Dass er dabei nicht einen Bibeltext zu Grunde legt, sondern
Vorgänge aus dem täglichen Leben, geschieht im Anschluss an
die insbesondere von Geiler geübte Weise, der die Bereitung
eines Hasenpfeffers oder ein Kinderspiel zum Ausgangspunkt
seiner Predigten nahm oder seine Passionspredigten wie einen
Lebkuchen zu verteilen vorgab. Nur dass Geiler diese scherzhaften Anlässe dem jedesmaligen Publicum angemessen, etwa
in Predigten vor Nonnen wählte, und dass er zum Scherze das
tiefe Gemüt, die volle Herzlichkeit mischte, während Murner

bei den herkömmlichen Betrachtungen und Ermahnungen stehen blieb. Murners Schema ist überdies keineswegs ein streng logisch entwickeltes; es kommt ihm nur darauf an, die geistlichen Erörterungen, die sich an die Einrichtungen des damaligen Badewesens vergleichsweise anknüpfen liessen, aneinander zu reihen; welche äusseren Gründe noch besonders eine Abweichung vom ursprünglichen Plane veranlassten, wird in den Schlussbemerkungen hinter dem Texte dargelegt werden.

Hier möge nur eine Uebersicht der in den einzelnen Abschnitten behandelten Themata folgen, wobei die Ueberschriften des alten Druckes in gesperrter Schrift wiederholt werden.

I Badecur = ihre geistliche Deutung.
II In das bad laden = Offenbarung und Verkündigung durch die Apostel.
III Wasser und Feuer = Thränen und inbrünstige Liebe zu Gott.
IV Laugen machen = Reue.
V Sich selb unrein erkennen = Sündenbekenntnis.
VI In das bad enphahen = Gottes Gnade.
VII Sich abziehen = Untugend ablegen.
VIII Vor got nackent ston = Scham empfinden.
IX Die füs weschen = Demut.
X Den leib reiben = Beicht hören.
XI Die hut kratzen = Busse auflegen.
XII Schrepffen = Fasten und wachen.
XIII Das haubt waschen = Sich zur Besserung entschliessen.
XIV Das haubt scheren = Priesterliche Tonsur.
XV Mit lavander besprengen = Priesterliche Salbung.
XVI Das har strelen = Gottes Fürsorge.
XVII Im bad lecken (peitschen und bespritzen) = Inbrunst erwecken.
XVIII Die füs reiben = Versuchung des Teufels.
XIX Ab giessen = Ablass.

XX Ein badmantel geben = Sterbehemd anlegen.
XXI Niderlegen = Begraben.
XXII In ruwen hüten = Obhut der Schutzengel.
XXIII Wider anthuon = Auferstehung.
XXIV Heim gon = Christus ist der Weg.
XXV Wol leben = Himmelreich.
XXVI Der Jungbrun = Taufe.
XXVII Kräuterbad = Holz des Paradieses, Palme u. a.
XXVIII Göppinger Sauerbrunnen = Nutzen des Leidens.
XXIX Reinigungsbad des Aussätzigen = Christi Blut.
XXX Oelbad = Taufe und letzte Oelung.
XXXI Das teglich Bad = Messehören und Weihwasser.
XXXII Das Wilt Bad = Bekehrung vor dem Tode.
XXXIII Das schweiss Bad = Beichte.
XXXIV Dem bader Dancken = Gebet an Gott.
XXXV Der baderin dancken = Gebet an Maria.

Indem nun Murner die einzelnen Vorgänge des damals üblichen Badens zu Grunde legt und diese durch die seinen Beschreibungen beigegebenen Bilder noch besonders verdeutlicht werden, bietet sein Buch auch einen erheblichen Beitrag zu unserer Kenntnis der **Badealtertümer**[1]. Auf diesen dritten Punkt näher einzugehn, werden mir manche Leser wohl gern gestatten.

Dass die alten Germanen gern und viel badeten, ist gewiss. Schon Cæsar[2] sagt, dass sie sich gemeinsam in Flüssen badeten. Tacitus[3] spricht vom täglichen Bade unmittelbar nach dem Aufstehn. Beim Baden (und Zechen!) überrascht der in römischem Solde stehende Dagalaif die Alemannen bei Paris 367[4].

---

[1] Massenhaftes Material hierüber findet sich bei G. Zappert, Ueber das Badewesen mittelalterlicher und späterer Zeit: Archiv f. Kunde österr. Geschichtsquellen. XXI. Bd. Wien 1859. Die Späteren haben es, so viel ich sehe, nur wenig benutzt. Uebrigens lassen sich Zapperts Angaben vervollständigen, z. T. auch berichtigen, wozu die folgenden Anmerkungen dienen.
[2] B. Gall. 6, 21 ; vgl. 4, 1.
[3] Germania 22.
[4] Ammianus Marcellinus 27, 2, 2.

Daher auch die Schwimmkünste der Germanen. Die Bataver schwammen mit Waffen und Pferden in geschlossenen Geschwadern über den Rhein [1]. Im Norden übten auch Könige Schwimm- und Taucherkünste; ein junger Isländer kam um das Jahr 1000 nach Norwegen: als er beim Baden in der See seine Fertigkeiten zeigte, forderte ihn ein Unbekannter zum Wettkampf auf, wer am längsten unter Wasser bleiben könnte — der Unbekannte war der König Olaf selbst [2].

Und diese Lust zu baden war auch den germanischen Frauen eigen. Freilich berichten davon aus älterer Zeit nur die Sagen, wenn man nicht das von Caesar berichtete gemeinsame Baden auch auf das weibliche Geschlecht beziehen darf. Aber es kann doch nur die Gewohnheiten des wirklichen Lebens widerspiegeln, wenn Brynhild und Gudrun, Sigurds Gemahlin, sich im Bade zusammen finden und hier der Zank der Königinnen ausbricht. Anders steht es mit Sagen von tieferem mythischen Hintergrund [3]. Die Meereswellen werden als Töchter der Rân, der alles hinab ziehenden Tiefe gedacht. Wie sehr solche Bilder sich dem Dichtergeist aufdrängen, beweist Goethes Lied: « Wind ist der Welle lieblicher Buhler. » Daher lässt auch das Baden der göttlichen Frauen nicht sicher auf menschliche Verhältnisse schliessen. Im Bad überrascht Wieland der Schmied die Geliebte, die er durch Wegnahme ihres Schwanengewandes zwingt ihm zu folgen; ebenso findet Hagen in den Nibelungen w i s i u w i p an der Donau badend und erhält ihre Weissagungen. Die deutschen Flussnamen sind weiblich (abgesehen von Rhein, Neckar, Lech, die ihre keltischen Namen beibehielten), wie man die Flussgeister weiblich dachte. Daher auch die Sage von dem Jungbrunnen oder Quickborn (lebendiger Quell), in welchem sich die Wasserfrauen [4] verwandelten, nach

---

[1] Tac. Hist. 4, 12; vgl. auch 4, 18. 5, 14 und Mela 3, 3.

[2] Weinhold, Altnord. Leben S. 312.

[3] J. Grimm, Myth. Cap. XX; s. auch die Nachträge im III. Bd; hier auch die Belegstellen für manches in der Folge Gesagte.

[4] Um 1200 durch Abor und das Meerweib (Zeitsch. f. deutsches Alterthum 5, 6), später durch Wolfdietrich bezeugt, dem die Wasserfrau zuerst als

späterer Auffassung alle Badenden sich verjüngten; eine Sage, auf welche Murner in Abschnitt XXVI mit deutlicher Nachahmung des Volksmärchenstiles anspielt.

Die Wassergeister glaubte man im Wirbeln und Murmeln der Ströme zu vernehmen und von ihnen Weissagung zu empfangen. Am Brunnquell, der die Wurzel des Weltbaums badet, sitzt die Schicksalsgöttin Urd. Auch wir empfinden den ahnungsvollen Zauber der Wellen. Am Wasser sinnt Walther von der Vogelweide über die Zerrüttung des deutschen Reiches durch den staufisch-welfischen Thronstreit; am Flusse gedenkt Goethe an Lieb' und Kuss und Treue, die ebenso verrauscht sind.

Bäder als religiöse Reinigungsmittel sind über die ganze Welt verbreitet. Auch bei den Germanen betrat man nicht ungewaschen heilige Stätten [1]. Vergleichen darf man damit, dass nach den Epen unseres Mittelalters die Ritter vor die Frauen erst kommen, nachdem sie den Russ der Eisenpanzer abgewaschen haben. Am Johannisabend 1330 sah Petrarcha die Frauen Cölns nach uralter Sitte im Rheine unter Absagung geheimnisvoller Sprüche sich waschen.

Auch die Heiligtümer wurden dem Bade unterzogen, wie Tacitus dies von dem Wagen (und Bilde?) der Göttin Nerthus erzählt [2]. Auf solche heilige Waschungen weisen Frauennamen wie Aslaug, Sigurds Tochter, wie Merofledis, eine Frankenkönigin: — fledis entspricht dem Worte, das wir noch in seiner Verneinung, in Unflat haben. Wir dürfen vielleicht die Begeisterung für das Scheuern, welche früher noch mehr als jetzt die Hausfrauen beseelte, und die im s c h o o n m a k e n, im Hausabwaschen der Holländer ihren Gipfel fand, als ein Erbteil unserer germanischen Urzeit ansehen, ebenso wie die peinliche Reinlichkeit der Engländer [3].

---

die rauhe Els, denn als die strahlende Sigeminne sich zeigt. Schon im Abor erscheint allerdings die Verjüngungskraft verallgemeinert.

[1] Eyrbyggja Saga. Vgl. Lachmanns Uebersetzung der Sagaenbibliothek P. E. Müllers S. 141.

[2] Germania 40.

[3] Freilich von den germanischen Kindern sagt Tacitus Germ. 20 dass sie

Scheuertag ist Samstag: und dies war auch der Badetag der alten Zeit. Im Norden trägt der Samstag geradezu davon seinen Namen laugardagr. Wir haben den ersten Teil des Wortes noch in Lauge und uralt muss die Kunst gewesen sein aus Asche das reinigende Element zu gewinnen. Auf dem Bild zu Murners IV. Abschnitt ist dargestellt, wie Christus als Bader durch einen langen Sack mit Asche, der unten spitz zuläuft, Wasser laufen lässt. Noch mehr, die Seife ist, nach der Sprachgeschichte zu urteilen, eine deutsche Erfindung, wenn auch Plinius[1] sie den Galliern zuschreibt. Das lateinische Wort sapo stimmt zu germanischen Sprachformen, die ablautende Verba neben sich haben. Ags. sâpe, engl. soap gehört zu sipan tröpfeln; in Ortsnamen wie in dem schlesischen Langenseifen haben wir die Grundbedeutung « fliessen ».

Die Sprache lehrt noch mehr: sie bestätigt die Angabe des Tacitus, dass die Germanen meist warme Bäder nahmen. Denn « Dad » gehört zu « bähen », welches soviel ist als rösten, trockener Hitze aussetzen. Laugar heissen im Norden die warmen Quellen.

Eben hierauf hat man die taciteische Nachricht einschränken wollen: warme Bäder habe man genommen, wo warme Quellen in der Nähe waren. Gewiss wussten die Germanen diese zu schätzen. Die Teutonen erfreuten sich an den Bädern zu Aix, als schon Marius zu ihrer Vernichtung herbei eilte [2]. Karl der Grosse liebte Aachen über alle Städte seines Reiches. Ganz besonders auf Island sind die zahlreichen warmen Quellen gebraucht und zu bequemer Benutzung gefasst worden: hochberühmt war die Skribla bei Reikjaholt, die auf dem Gute des Historikers Snorri Sturluson lag; hier in seinem kunstvollen Badehause fand er 1241 den Tod durch Mörderhand[3]. Und so

---

nackt und schmutzig aufwuchsen: hier ist wohl an den Gegensatz zu den geputzten Kindern der vornehmen Römer zu denken.

[1] Hist. nat. 28, 12, 51.
[2] Plutarch, Marius 19.
[3] Weinhold, Altnord. Leben 394.

könnten auch in Deutschland die Bäder in Badenweiler, Baden-Baden, Wiesbaden, auch Niederbronn im Elsass schon vor den Römern benutzt worden sein, wenn auch diese durch Bauten, Inschriften, Münzen ihre Anwesenheit besonders bezeugt haben. Auf jeden Fall waren im Innern Deutschlands die Salzquellen wohlbekannt und sogar Gegenstand religiöser Verehrung, wie dies Tacitus[1] ausdrücklich angibt. Im J. 58 n. C. stritten sich Chatten und Hermunduren um einen Salz führenden Grenzfluss, vermutlich um die fränkische Saale bei Kissingen: der Fanatismus der Streiter erhellt auch daraus, dass sie gegenseitig keine Gefangene, keine Beute zu machen, sondern alles den Göttern Wodan und Tiu zu opfern gelobten. Ebenso kämpften die Burgunder, als sie am Main sassen, um 369, gegen die Alemannen um Salinen an der Grenze, vielleicht bei Schwäbisch-Hall [2].

Allein heisse oder sonst heilkräftige Quellen waren doch stets nur vereinzelt und wenn Tacitus berichtet, dass das tägliche Bad der Germanen meist ein warmes gewesen sei, so kann es sich in der Regel nur um erhitztes Wasser handeln. Man mag bezweifeln, ob die an Eisen nicht eben reichen Germanen Kessel gehabt haben — dies Wort selbst ist aus dem lateinischen catillus entlehnt, — aber auch in irdenen Geschirren, sowie nötigenfalls durch heisse Steine, die man in die Badewanne warf, liess sich das nötige Wasser gewinnen.

Frühzeitig erfahren wir von eigenen Baderäumen, ja wir dürfen sagen, Badehäusern. In der noch zur Merowingerzeit verfassten Lex Alemannorum[3] wird dafür das Wort stuba gebraucht und die Brandstiftung an der Stube mit der an Schaf- und Schweineställen verübten verglichen. Das Wort stofa bezeichnet altnordisch und altenglisch einen Baderaum mit einem Ofen; das englische stove hat noch jetzt die Bedeutung «Ofen», während das holländische stoofje ein Kohlen-

---

[1] Ann. 13, 57.
[2] Ammianus Marcell. 28, 5, 11.
[3] Mon. Germ. LL. 3 p. 74 l. 15. In den glossae Casselanae steht romanisiertes Latein und Deutsch sich gegenüber: in beiden erscheint stupa.

becken ist, wie jede Hökerin es dort im Winter unter den Füssen hat. Das Wort ist in die romanischen und slawischen Sprachen, ins Littauische, Finnische, Albanesische, Türkische übergegangen; franz. étuve, früher estuve, bezeichnet einen Raum, in welchem trockene oder feuchte Hitze herrscht, hauptsächlich das Schwitzbad (vgl. auch Anm. 26).

Die heizbaren Räume wurden begreiflicher Weise auch sonst benützt; im Norden ist stofa geradezu auch Aufenthalt der Frauen. In Deutschland finden wir die Stuben als Tanz- und Zechlocale viel verwendet. Neidhard von Reuenthal, um 1230, ruft in seinen Winterliedern zum Tanz in der Stube. Bekannt sind die Stuben auf den Dörfern als Bauernwirtshäuser, und in den alten Städten die ehemaligen Trinkstuben der Geschlechter und Zünfte. Hier in Strassburg hat man diese in französischer Zeit nicht durch étuve, sondern durch poêle übersetzt, Fischerstube z. B. als poêle des pêcheurs: dies Wort ist aus dem lateinischen pensile, eigentlich Pensum, Arbeitsteil, durch Vermittelung der mittellateinischen Form pesale hervorgegangen und bezeichnet ursprünglich den Arbeitsraum, in welchem die Frauen mit der Kleideranfertigung beschäftigt waren, zu einer Zeit, als es noch keine Schneider gab. Auch in Deutschland kennt man das Wort: in der Gudrun ist phiesel das heizbare Zimmer der Frauen, im heutigen Dithmarschen pesel, « die gute Stube »[1].

Das deutsche Wort « Stube » lässt sich lautlich, wenn auch nicht ohne Schwierigkeiten[2] von unserem « stieben » ableiten: vielleicht gebrauchte man dies Wort auch für das Aufwallen und Sichverbreiten des Dampfes, wie wir vom Stieben der Funken reden. Es wirft sich hier die Frage auf, ob wir die germanischen warmen Bäder uns nicht als Dampfbäder zu denken haben, wie wir sie im späteren Mittelalter über ganz Deutschland verbreitet finden.

---

[1] Müllenhoff zu Claus Groths Quickborn S. XIX.

[2] Man möchte auch hochdeutsch stoba erwarten; doch vgl. ahd. ubar gegenüber altniederdeutschem ovar, engl. over.

— XII —

Wie solche Dampfbäder in überaus einfachen Culturverhältnissen hergestellt werden können, zeigt sich in Finnland[1]. Hier hat man bei jedem Haus ein aus Balken gezimmertes viereckiges Häuschen mit einem grossen Ofen aus Feldsteinen in der einen Ecke, sowie einem hochbelegenen grossen und breiten Hängeboden oder Bretterregal, der Schwitzbank, auf welche die Badenden hinaufklettern um das Dampfbad zu nehmen; ausserdem ist das Häuschen mit zwei oder drei Seitenluken versehn, durch welche der Rauch und die feuchte Wärme hinausgelassen werden können. Der Dampf wird dadurch erzeugt, dass Wasser schaufel- oder eimerweise von einem Frauenzimmer, dem immer dies Geschäft obliegt, zuweilen der Tochter des Hofes selbst, auf den Haufen erhitzter Steine gegossen wird, die zu oberst auf dem Ofen liegen. Die ganze Zeit, so lange sich die Finnen im Bade befinden, reiben sie unaufhörlich ihren Körper und peitschen alle Glieder mit Birkenruten. Hierdurch wird die Haut so abgehärtet, dass die finnischen Bauern aus einer Temperatur von 70 Grad Celsius, die im Baderaum herrschen soll, nackt hinaus laufen und sich bei 20—30° Kälte im Schnee wälzen können. Auch das Rasieren geschieht während des Bades, und zwar lässt sich dann trotz der elendesten Werkzeuge und ohne Seife der Bart leicht wegnehmen.

Diese Dampfbäder der Finnen werden schon in ihrem Epos Kalewala oft erwähnt und sind in unvordenklicher Zeit aufgekommen. Und doch sagen selbst die einheimischen Forscher, dass das Volk sie von auswärts erhalten habe, wobei es zweifelhaft bleibt, ob von den skandinavischen oder den slawischen Nachbarn[2].

Für letztere spricht allerdings, dass schon Herodot[3] von

---

[1] G. Retzius, Finnland. Schilderungen aus seiner Natur, seiner alten Cultur und seinem heutigen Volksleben, übersetzt von Appel, Berlin 1886, insbes. S. 90 f. 97. Die Kenntnis dieser Quelle verdanke ich Prof. Henning, ebenso wie den in Anm. 2 zu S. XIII angezogenen Nachweis.

[2] Retzius S. 94.

[3] Herodot IV 75.

einer Art Dampfbad (vielmehr Kräuterdampfbad) bei den skythischen Stämmen berichtet. Dann hat man hingewiesen auf einen bei Nestor, Mönch zu Kiew um 1110, vorhandenen Auszug aus einer Geschichte des Apostels Andreas [1]: « Er sah (in Nowgorod) die Sitte der dortigen Leute, wie sie sich in Bädern waschen und mit Badequästen schlagen. . . . Er erzählte : ich sah hölzerne Bäder und darin steinerne Oefen, die sie scharf heizten : in diese gehen sie und ziehen sich ganz nackend aus. Dann begiessen sie sich mit lauem Wasser und fangen an sich damit zu peitschen, giessen indess Wasser auf die Steine, und peitschen sich so arg, dass sie kaum lebendig herauskriechen. Beim Herausgehen begiessen sie sich mit kaltem Wasser, und so leben sie wieder auf. Das thun sie alle Tage.»

Aelter und ungleich wichtiger ist ein neuerdings aufgetauchtes Zeugnis über die slawischen Bäder [2]. Im Jahre 973 besuchte der jüdische Arzt Ibrahim-ibn-Jakub, vermutlich mit einer Gesandtschaft des Kalifen von Cordova, den Kaiser Otto in Merseburg, und begab sich von dort an die slawischen Höfe von Mecklenburg und Prag. In einem Berichte, der sich an den seinigen anschliesst, heisst es : « Bäder haben die Slawen nicht, aber sie machen ein Gemach von Holz, dessen Ritzen sie mit Moos verstopfen. In einem Winkel dieses Gemachs bauen sie einen Feuerherd von Steinen und lassen darüber eine Oeffnung, um den Rauch hinauszulassen. Wenn nun der Herd erhitzt ist, so verstopfen sie das Luftloch und verschliessen die Thür. In dem Gemach sind Gefässe mit Wasser, woraus sie nun Wasser auf den glühenden Herd giessen, so dass der Dampf aufsteigt. Jeder hat ein Bündel Heu in der Hand, womit er die Luft bewegt und an seinen Leib treibt. Dann öffnen sich die Poren und das Ueberflüssige vom Körper kommt heraus und läuft in Strömen von ihnen ab, so dass an keinem von

---

[1] Schlözer, Russische Annalen (Göttingen 1802) 2, 96.
[2] Geschichtschreiber der deutschen Vorzeit, Lief. 18. Widukinds Sächsische Geschichten, übersetzt von Schottin, neu bearbeitet von W. Wattenbach, Leipzig 1882 S. 146.

ihnen mehr eine Spur von Ausschlag oder Geschwulst zu sehn ist. Sie nennen einen solchen Verschlag itba¹.»

Rühren diese Bemerkungen noch von Ibrahim her, so müssen sie als Beweis dafür gelten, dass in Deutschland, welches er vor den slawischen Ländern besucht hatte, damals Dampfbäder unbekannt waren, oder doch wenigstens ihm unbekannt geblieben waren. Vielleicht jedoch sind sie einem anderen Gewährsmann entnommen und nur durch die späteren Berichterstatter mit denen Ibrahims verbunden worden. Dieser andere Gewährsmann könnte ein Orientale gewesen sein, der als Bewohner des warmen Südens die Dampfbäder nicht kannte, wie ja auch die Italiener nur im Mittelalter sie gehabt und sie später in Deutschland mit Verwunderung angesehn haben. Verkehr der Araber von Bagdad aus mit den heidnischen Russen an der Wolga im 10. Jahre bezeugt z. B. ein über deren Leichenverbrennung erhaltener Bericht ². Später finden wir die Dampfbäder allerdings auch bei den Türken, und kein Geringerer als Feldmarschall Moltke, der sie in Schumla kennen lernte, hat sie in überaus klarer und lebendiger Weise beschrieben ³.

Die Türken haben die Dampfbäder doch wohl erst von den Slawen erhalten; es ist daher die verbreitete Annahme, dass die Kreuzfahrer sie im Orient kennen gelernt und nach dem Abendland zurückgebracht hätten, abzuweisen. Auch die Slawen können sie, wie so Vieles in ihrer alten Cultur, von den Germanen übernommen haben: haben doch die Normannen zuerst das russische Reich begründet, und fanden sich ja auch Kaufleute aus Deutschland zahlreich in Nowgorod ein.

In Deutschland werden Bäder auch im früheren Mittelalter häufig erwähnt, meist ohne dass sich über ihre Art genaueres

---

[1] itba für slawisch istba, was vermutlich aus unserem Stube entnommen ist: J. Miklosich, Etymologisches Wörterbuch der slawischen Sprachen. Wien 1886.

[2] J. Grimm, Kleine Schriften 2, 289.

[3] Helmuth von Moltke, Briefe aus der Türkei, 2. Aufl. Berlin 1876, S. 14.

ermitteln liesse. Doch deutet Manches auf Schwitzbäder hin.
Der um 1030 gedichtete Ruodlieb erzählt [1], wie der Held und
sein junger Verwandter sich im Bad rasieren, dann die Bütte
verlassen und im Bademantel sich aufs Bett legen, bis die
Hitze weicht. Eine solche Hitze bringt doch ein warmes Wasserbad nicht hervor; auch rasiert man sich darin nicht. Die
Bütte war vermutlich oben mit einem Zeltdach versehn, wie
dies auf Murners Bild XXVII und sonst bildlich dargestellt
wird und wie es gegenwärtig noch in trockenen Hitzbädern
der Fall ist: Wasser, auf heisse Steine in die Bütte geschüttet,
brachte wohl den Dampf hervor.

Auch eine Anspielung Wolframs von Eschenbach [2] deutet
auf solche Bäder. Er spricht von der Verlegenheit dessen, der
nackt ohne Tuch im Bad gefunden wird, und die freilich noch
grösser wäre, wenn er auch noch die Queste, das Büschel vergessen hätte. Ein solches Büschel, das zunächst zum Bestreichen
und Peitschen diente, nimmt man doch nicht in ein warmes
Wasserbad.

Ganz ausführlich wird das Dampfbad etwa im Jahre 1292
geschildert in einer der österreichischen Satiren, die unter dem
Namen des Spielmanns Seifrid Helbling [3] bekannt sind. Der
Dichter, ein alter Ritter, begibt sich mit seinem Knappen ins
Bad. Bereits hat der Bader geblasen, also in derselben Weise
wie es bei Murner erwähnt, auch bildlich dargestellt ist, das
Bad als bereit angekündigt. Auch schleichen schon die Nachbarn, frisch gebürstet, barfuss, ohne Gürtel, in die Stube, in
welcher Dielen und Bänke frisch begossen sind. Nachdem im
Vorzimmer die Kleider abgelegt sind und ein Wedel zur Hand
genommen ist, beginnt die Behandlung durch ein Badeweib.
Sie streicht dem Gaste Rücken, Beine und Arme: auf Murners
Bild X ist die Procedur, unserer Massage vergleichbar, deutlich
dargestellt. Hierauf wird der Ofen wacker begossen, wozu das

---

[1] In Schmellers Ausgabe Fragment X, in der von Seiler (Halle 1889) XI.
[2] Parzival 116, 4.
[3] Ausgabe von Seemüller. Halle 1886, Nr. III.

Badeweib in ihrem Schaff, Eimer, das Wasser hinzuträgt: der
Dampf steigt auf, fleissig schwingt man die Wedel. Wieder
beginnt das Reiben, zu dem nun Seife, dann Lauge genommen
wird. Hierauf wird der Bart geschoren, das Haar gekämmt:
bei Murner XV kommt das Besprengen mit Lavendelöl hinzu.
Dann tritt der Gast heraus und wird mit kaltem Wasser abge-
gossen. Er legt sich (bei Murner XX im Bademantel) auf das
Ruhebett. Nach dem Ankleiden empfangen die Badeleute ihren
Lohn.

Bei Murner und sonst (wie schon bei Wolfram bemerkt)
erscheint für Wedel der Ausdruck Queste oder Koste [1]. Wir
haben das Wort jetzt in Quaste; ursprünglich aber bezeichnet
es Zweig und seine Gestalt ist aus Murners Bildern gut zu
ersehen, wo es auch als Aushängeschild des Baders dient (VI).
Ein zusammengedrehtes Büschel diente angefeuchtet zum Be-
sprengen und Peitschen (s. Bild XVII auf S. 19). Dies nannte
man lecken [2], « tröpfeln machen, Tropfen hervorrufen » wozu
unser « leck » d. h. durchlässig, so dass Tropfen durchdringen,
und « lechzen » eigentlich «(vor Dürre) Risse bekommen » ge-
hört. Zum Abtrocknen diente der Bademantel, auch Badelaken,
-rock, -kittel genannt; mehr zum Hände abtrocknen nach der
Waschung vor dem Essen dient die « Zwehel », worin sich das
früher verbreitete Wort für waschen « zwagen » erhalten hat.
« Waschen » selbst ist doch wohl zu « wischen » zu stellen.

Murner erwähnt ferner das Schröpfen, ein Wort das ur-
deutsch zu sein und so viel wie Zerreissen (vgl. « schroff » =
zerrissen) zu bedeuten scheint. Das Kratzen mit den Nägeln, in
Murners Abschnitt XI, aber als unbeliebt erwähnt, scheint
die ältere Form dieser Behandlung, die später durch besondere
Instrumente nach italienischem Muster, die Schröpfköpfe oder
Hörnlein (auf Murners Bild XII haben sie Schlüsselform), vor-

---

[1] Irrig gibt Schultz, Höfisches Leben 1, 170 fg. an dass queste (und
selbst wedel!) einen Schurz, etwa eine Badehose bezeichne.

[2] Das Stammwort liegt vor in mhd. lechen, nl. leken: Reinaert 808
dat hem (Bruun) dat bloet uut lac « aus spritzte ».

genommen wurde. Die frühere ziemlich blutgierige Medicin, die
erst neuerdings milderen Anschauungen Raum gegeben hat,
bediente sich dieses Mittels um so eifriger, als die Bader jeden
Schröpfkopf besonders berechneten.

Als besondere Arten der Bäder kommen bei Murner noch
XXXIII das trockene Schwitzbad, und XXVII das Kräuterbad
vor. Der Haken, an welchem auf dem letzteren Bild der Kessel
hängt, hat genau dieselben Zacken, wie sie in Finnland[1] erscheinen.

Ferner das Oelbad (XXX): der Bader giesst auf den in
einer Wanne sitzenden Gast aus einer Flasche das Oel aus.
Beim Wildbad (XXXII) sitzt der Badende in einer Wanne,
auch hier mit einer Badehose bekleidet. Der Göppinger Sauerbrunnen (XXVIII) stellt die Bademagd vor, die über der Achsel
hängend zwei Krüge davon trägt, die sie an vier Röhren gefüllt hat.

Wohl nur sagenhaft ist das in XXIX erwähnte grausige
Bad in Menschenblut, das den Aussatz heilen sollte[2]. Murners
Bild bezieht sich auf eine allegorische Deutung, die Heilung
der Erbsünde durch Christi Blut, und stellt ein neugebornes
Kind dar, welches die Hebamme ins Bad steckt. Als Tropus
erscheint das Blutbad wohl zuerst in einem lateinischen Gedicht[3] auf die Schlacht von Fontanetum 841, wodurch die
Zerreissung des karolingischen Reiches entschieden wurde: das
sei kein Sabbat gewesen, sondern das Badefass des Saturn,
sagt der Dichter mit Anspielung auf den heidnischen Namen
des Samstags (vgl. engl. Saterday) und zugleich auf die
Gewohnheit am Samstag zu baden.

An das Heimgehn vom Bad (XXIV) knüpft Murner das
« Wol leben » nach dem Bad. Auf dem Bild sitzt Christus

---

[1] Retzius S. 25.

[2] S. die Abhandlung über den Aussatz in Wackernagels Ausgabe des
Armen Heinrich, hg. von Toischer, Basel 1885.

[3] Grimm, Myth. 3, 115. Uebrigens könnte das Fass (dolium) auch
auf das Schwitzbad hindeuten: der Vergleich des Blutes mit den Schweisstropfen ist ein herkömmlicher und beim Wild allgemein üblicher.

zwischen einem Mönch und einem Bürger, wohl dem Dichter und einem Leser; auf dem Tisch stehen Becher und ein Gänsebraten. Gewiss hat das Schmausen und Zechen mit verbessertem Appetit einen Hauptreiz des mittelalterlichen Badens ausgemacht.

Man konnte ja auch beides verbinden, Bad und Schmaus. Kommt man heute in die Bauernbäder, etwa in der Umgebung Freiburgs im B. in das Kuckucksbad, das Glotterbad, das Silberbrünnlein, wo gelegentlich 12 Badewannen in einem Raume zusammen stehn, so erfährt man, dass die Bauern, wenn sie ihre alljährliche Waschung auf das gründlichste besorgen, sich die lange Weile durch den Wein abkürzen und erheitern. Bekanntlich frühstücken in Leuk die Badgäste auf Brettchen, die im Bade herumschwimmen.

Im späteren Mittelalter ward es namentlich üblich das Bad vor der Hochzeit zu einem Gelage zu benutzen und die fürsorglichen Ratsherren mussten Bestimmungen treffen, über welche Zahl der Gäste ein solches **Breutelbad** nicht hinausgehen durfte.

In Ulm hielten die Meistersinger ihre Zeche im Bade ab, was dann **Singbad** hiess[1]. Dabei scheinen derbkomische Meisterlieder vorgetragen worden zu sein, wie wir sie von Hans Sachs u. a. besitzen[2].

Alle diese Umstände haben gewiss dazu beigetragen, das Bad bei unsern Voreltern — wie jetzt noch bei Finnen und Slawen — als einen Hauptgenuss des Lebens erscheinen zu lassen. Wer einen Tag froh sein will, sagte ein Sprichwort, der geht ins Bad. Ein Gedicht des 15. Jahrhunderts[3] stellt das Baden unter den sieben Freuden (so parodierte man die kirchlichen sieben Freuden Mariae) am höchsten.

---

[1] Plate, Die Kunstausdrücke der Meistersinger (Strassb. Diss.) 1887.
[2] Schnorr v. Carolsfeld, Zur Gesch. des deutschen Meistergesangs, Berlin 1872.
[3] Liederbuch der Hätzlerin, hg. v. Haltaus. Quedlinburg 1810. Nr. 69. S. 271.

Es gab auch volkstümliche Badeliedlein, die nun wieder umgekehrt von frommen Dichtern ins Geistliche umgesetzt wurden [1]. Schwerlich aber haben diese deutschen Lieder den lieblichen Reiz der russischen Badeliedchen [2] gehabt, welche dort die Kinder singen, während sie im Bache herumplätschern.

Bei längerem Aufenthalt in den Wildbädern suchte man sich die vorgeschriebene Erheiterung auch durch Lectüre zu verschaffen, und es gibt Bücher, die gerade diesem Zwecke dienen wollen. So schrieb der Tübinger Professor Bebel seine berühmten F a c e t i a e, eine Anecdotensammlung, aus welcher das ganze 16. Jahrhundert schöpfte, zur Badeergötzung seiner Freunde [3]. So erschien noch 1720 zu Strassburg unter dem Titel «Der neuentsprungene Sauerbrunnen» eine Bearbeitung [4] der Contes von Lafontaine u. a.

Die Lust und das Bedürfnis des Badens suchte man sich wenigstens allwöchentlich zu befriedigen. Der Samstag war besonders beliebt, und mussten deshalb die Bäder der Schüler oft auf den Mittwoch verlegt werden. Nur der Freitag war verboten, die Heiligkeit des Tages erlaubte nicht sich zu vergnügen. Asketen gingen noch weiter und versagten sich das warme Bad völlig, allerdings besonders im Orient, wo man sich denn dem Standpunkt der indischen Fakire näherte.

Die Juden aber erhielten nun gerade den Freitag zugewiesen, wenn sie nicht vorzogen, schon ihrer ritualen Vorschriften wegen, eigene Badehäuser zu errichten, wie solche noch jetzt in Dörfern zu finden sind.

Doch waren die Monate auch verschieden. Die Kalender gaben auf das genauste an, wann man sich baden solle, wie auch wann Zeit sei zur Ader zu lassen oder zu schröpfen. Die Medicin des 16. Jahrhunderts hatte alle Mühe diese, oft

---

[1] Ph. Wackernagel, Kirchenlied 2, S. 633 fg.
[2] Balalaika, übertragen von Altmann, Berlin 1863 S. 273 fg. 353.
[3] Wackernagel, Litteraturgeschichte § 107, 11; vgl auch § 100, 33.
[4] A. Socin in den Strassburger Studien 3, 135 fg.

unpassenden Zeitbestimmungen mit Rücksicht auf persönliche Verhältnisse abzuändern und zu beseitigen.

Ueberall waren Bäder vorhanden, selbst in abgelegenen Orten, auch bei einzelnen Höfen. Zudem hatte man transportable Gestelle, die an beliebigem Orte zu schwitzen ermöglichten. So allgemein war das Baden, dass man anstatt des Trinkgelds Badegeld gab. Für völlig Unbedürftige sorgten fromme Herzen. Es war ein vielgeübtes Werk Bettler, und selbst an ekelhaften Krankheiten leidende, zu baden. Die heilige Elisabeth badete einen Aussätzigen und legte ihn dann in das Bett ihres Gemahls. Andere setzten wenigstens in ihrem Testament (sêlgeraete) eine Summe aus, von deren Zinsen Freibäder für die Armen bezahlt wurden. Eine solche Stiftung hiess ein Seelbad[1]. Und hier ergibt sich wohl die Deutung für ein Wort, das man bisher nur in einer spasshaften Weise zu erklären wusste : für «Salbader» und das davon abgeleitete «Salbadern»[2]. Galten schon die Bader und Barbiere — letztere bereits zu den Zeiten des Königs Midas — für geschwätzig, so waren gewiss die Unterhaltungen der Seelbader, die um Gotteswillen badeten, schröpften und schoren, ganz besonders schwer zu ertragen. Es mochte den Spittelleuten gegenüber im Seelbad noch ein frömmelnder Ton sich einmischen, und anderseits die Anlehnung an das Wort Salbung die Verwendung des Wortes für elende Prediger erleichtern.

An und für sich war der Stand der Bader nicht eben hoch angesehen und vor allem das Ofenheizen, das doch für ihr Geschäft eine Hauptsache war, galt als die niedrigste Thätigkeit. Gudrun wird von der bösen Gerlind dazu als zu dem Schlimmsten gezwungen. Aschenbrödel, oder wie Geiler sagte, Eschengrüdel, ist das verachtetste Geschöpf.

---

[1] Zahlreiche Zeugnisse bei Zappert ; s. auch Lexer, Mittelhochdeutsches Handwörterbuch und Schmeller-Frommann, Bayerisches Wörterbuch

[2] Der Uebergang von ê zu a vergleicht sich dem von zwênzic (neben zweinzic) zu nhd. ‹zwanzig›. Auch in ‹Quacksalber› hat man Anlehnung an Quecksilber zu suchen.

Dazu kam anderes, was dazu beitrug den Stand herabzusetzen, so sehr herabzusetzen, dass das Badergewerbe schliesslich, wie das der Musikanten, als ein unehrliches galt. Die Gewohnheit weiblicher Bedienung konnte nur zu leicht zu Missbräuchen führen. Schon Tanhäuser, der Ritter und fahrende Sänger, der um 1250 in Oesterreich lebte, bringt guten Wein und schöne Frauen und Bäder in eine bedenkliche Verbindung: vielleicht ist ihm doch schon das später nachweisbare Privileg zu gute gekommen, wonach säumige Schuldner nicht aus dem Bade abgeführt werden durften. Für den Lebenswandel Kaiser Wenzels ist es bezeichnend, dass er — noch dazu in einer Bibelhandschrift — sich abmalen liess, wie er im Bade sass und von einer hübschen Bademagd bedient wurde. Die Sage erzählt freilich, dass das Mädchen, Susanna geheissen, ihn in Prag aus der Gefangenschaft unter seinen Bürgern erlöst habe.

Unter diesen Umständen begreift sich um so mehr, dass ein Zweig des Gewerbes sich ablöste und die Gerechtsame der älteren Zunft zu schmälern suchte. Es waren die Barbiere, deren Kunst durch die Tonsurvorschriften der Kirche herangebildet und durch die ihnen mehr und mehr zufallenden chirurgischen Operationen zu Ansehn gelangt war. Seit dem 15. Jahrhundert eine eigene Corporation bildend, wollten sie den Badern nicht mehr, wenigstens ausserhalb des Bades nicht, gestatten zu Ader zu lassen oder auch nur das Haar zu schneiden. Die Lübecker Barbiere machten deshalb einen Process beim Reichskammergericht zu Speier anhängig: nachdem er 91 Jahre lang, von 1603—1694 geschwebt, ward er als unbegründet abgewiesen.

Immerhin erkannte man die Nützlichkeit der Bader insofern an, als man sie verpflichtete bei Bränden sofort mit ihren Eimern und Kübeln zu erscheinen. Auch blieb ihnen vielfach das Ehrenrecht, bei den geistlichen Spielen in Processionsform Adam und Eva darzustellen. Auf alten Bildern sieht man sogar die Ahnen des Menschengeschlechts nicht in den Laubschürzen, sondern mit Badewedeln versehn.

Das Gewerbe blühte noch im 16. Jahrhundert. Aber schon zu Ende des vorhergehenden verursachten ansteckende Krankheilen[1] mehrmals Schliessung der Badstuben. Die Medicin, die sich an die Lehren der italienischen Universitäten anschloss, befürwortete mehr und mehr den Gebrauch der eigentlichen Heilquellen, über welche seit dem 16. Jahrhundert eine unabsehbare Litteratur sich verbreitete. Vielleicht hat auch volkswirtschaftlich gerade damals der ungeheure Verbrauch von Brennholz, den der alte Badebetrieb mit sich führte, sich fühlbar gemacht.

Auch der Ernst, den die Reformation, das Elend, welches der dreissigjährige Krieg über das deutsche Volk gebracht, waren der alten Badelust abträglich. Heutzutage stehn noch in Bayern wie in Schweden[2], die alten Badestuben auf den Bauernhöfen, aber sie sind Vorratskammern, Backofen u. s. w. geworden.

Selbst die alte Lust am Baden im Freien ward vielfach durch eine trübe, strenge Moral eingeschränkt. Als Goethe und die Grafen Stolberg 1775 in den Schweizer Seen badeten, warf das Landvolk mit Steinen nach ihnen.

Erst die freiere Pädagogik in Rousseaus Sinne schaffte der Jugend ihre alte Freiheit wieder. Erst die Heilkunst unseres Jahrhunderts brachte uns die Dampfbäder zurück, nunmehr als russisch-türkische, römisch-irische, und freilich mit einem Comfort, den unsere Vorfahren nicht gekannt haben.

Die Wohlthaten dieser letzteren Bäder für den Leidenden wird der Schreiber dieser Zeilen am wenigsten leugnen. Der Gesunde aber mag die alte Badefreude in vollem Masse nur etwa im Seebade fühlen, von der mächtigen Welle geschaukelt, über sich die weite Himmelskuppel, vor sich den freien Ocean. Da versteht sich das Wort des Dichters:

Seele des Menschen, wie gleichst du dem Wasser!
Schicksal des Menschen, wie gleichst du dem Wind!

---

[1] So die Lustseuche, die nach Strassburg 1490 und 1495 durch Söldner kam, welche das französische Heer nach Neapel begleitet hatten.

[2] Schmeller-Frommann S. 209. Retzius S. 95.

Ein andechtig geiſtliche

Badenfart/ des hochgelertē Herrē Thomas
mürner/ der heiligē geſchrifft doctor barfůſer
ordē/ zů Straßburg in dē bad erdicht/ gelert
vñ vngelerten nutzlich zů bredigē vñ zů leſen.

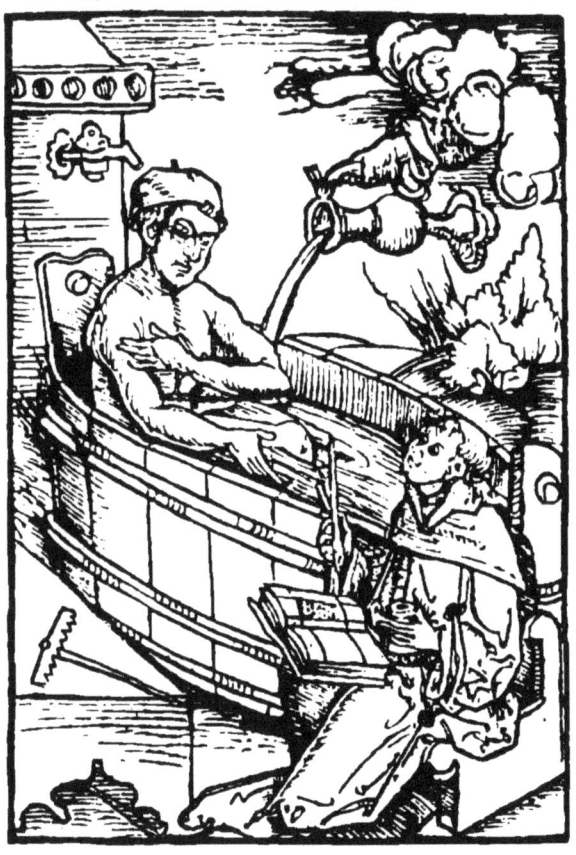

Wer sich in diſem bade reint   [S. 2]
Vnd, wie ich ſchreib, mit got vereint,
Der weſt in einem bad zuemol
Leib / vnd ſeel / als er dan ſol.

Cjape 1. **Lauamini mundi eſto-**

te auferte malum cogitationum veſtrarum.

Et ſuper niuem dealbabor.

[W]Er witzig hie vff erden iſt,   [S. 3.]
Der ſey all augenplick geriſt
Vnd alle ſtund vnd alle zeit,
Wenn er durch ſynen bet erleit,
Das er vor gottes angeſicht
Vnd vbeldadt beſorge nicht.
Kein ſtund ſoltu hie müſſick gon,
Darin tu dich nit rüſteſt ſchon
Für got mit dugenden zuo ſton.
10 Nun zwingt die not deß leibes mich
Das in ein bad muoß ſitzen ych,
Wil ich von kranckheit gar geneſen.
Darum ych weder ſchreiben / leſen
Oder ſunſt mich ieben kan:
So mag ich ſchlecht nit müſſig gan.
Darum, mein iunger, ſey dich har
Vnd nym al meiner reden war.
Schreib mein wörter alle an,
Die ich im ſin veruaſſet han :
20 Ich hoff ſie nützen manchen man.
Mueß ich ie baden / vnd hie ſitzen,
So will ich doch mein ſin vnd witzen
Bruchen, ſo ich doch nit kan
Mit meim leib nüt fahen an.

Schreib an ein geiſtlich badenfart,
Zuo weſchen ſich ein nüwe art. [S. 4.]
Ich wer gantz an dem rechten fundt,
Wan ich das bader hantwerck kundt.
Leichtlich iſt es zuo vnderſton :
Dan es zuo lernen gibt kein lon,   30
Vnd kumpt mier zuo fueglichem ſin,
So ich ietz on das müſſig bin
Vnd darff nit predigen oder leſen,
Zuo fieren ietz der bader weſen.
Nit willig hab ich drum gerungen.
Gros vrſach hat mich darzuo zwungen,
Gros angſt / vnd manig not,
So von wuoſt vnd ouch von kat
Jung und alt beſchiſſen iſt.
Darumb hab ich ein bad gerüſt   40
Zuo reinigen die ſelben armen,
Dan ſie von hertzen mych erbarmen.
Im dreck ſie vber die oren ſton
Vnd ſeind von got darzuo verlon,
Das mancher in dem wuoſt verdirbt
Vnd in ſeinen ſünden ſtirbt,
Ee das er in das bade gieng
Vnd ſich zuo weſchen ane fieng.

Es ist ietz funfzehen hundert iar
50 Das got von himmel kam virwar
Vnd bet ein wunderleiche fart,
Das got selbs ein bader wart [S. 5.]
Vnd in der heyligen namen dry
Sy wüsche also schon vnd fry
Das sy glitzten wie die sun
Mit einem lebendigen brun.
Das bad erschoß in also wol
Das sy noch hüt sindt freuden vol.
Darum ich vch lad in das bad
60 Das vch der wuost vnd kat nit schad.
Seind ir wiest, so trachtendt schon
Das ir mit mier zuo baden gon.
Ich wil euch weschen so mit fleiß
Das ir mir werden geben breiß.
Wie wol ir mancher mich verspot
Vnd spricht, das ich selb staudt im kot;
Wie ich doch kün ein andern weschen,
So ich doch selb lig in der eschen?
Als Donatus hat geret:
70 Der selb meint, wann der bader het
Sich selber nit zuo vor gereint
Vnd mit got vorhin vereint,
So mücht er keinen weschen rein.
Darumb sag ich in aber „nein".
Der bader der von himmel kam,
Zuo erst des weschens ane nam,
Der selb hat vns ein wasser geben
Damit man west ins ewig leben. [S. 6.]
Das selbig wasser ist so guot
80 Das es dich also reinen duot.
So ist der brunen also dieff,
Wan er schon tusent iar uß lieff,
So gat im doch am louff nüt ab.
Ob ich schon kat ouch an mir hab,
Noch wesch ichs dennocht alzeit recht,
So ich bleib des ersten knecht.
Vnd wan ich tuo als er mich heißt,
So weis ich das ein ieder weißt
Das ich von freyen meisterstücken
90 Mein badenfart kan dapffer schicken.

[II] [S. 8.]

In das bad laden

So vns got selb zuo baden bitt,
So kanstu dich enschuldigen nit.
So bist so offenlich geladen,
Das alle welt sich weis zuo baden.

[Bild s. S. 3.]

Es ist kein zeit gewesen nie [S. 9.]
By vns uff diser erden hie,
In der got nit barmhertziglich
Versahe den menschen gnadenrich,
Vnd im ein küntlich zeugung bet, 10
Wie er got eret vnd anbett:
So ferr sein eigin will da were,
Das nümermer künt selen ere,
Er wüst zuo eren seinem got,
Auch wie man schand vnd laster lot
Vnd halten solt ouch tugent reich.
Darumb von anfang bruchet sich
Der mensch in mancherlei gestalt
In gots erbietung manigfalt.
Adam eeret got mit goben, 20
Mit dem fuer bet er in loben.
Der iud hat auch sein sacrament,
Beschneidung an heimlichem end.
Opffer / zehend, flleißig bet
Die iüdischeit vor zeiten bet
Biß das in got gesendet het
Vnderweisung durch propheten
Zuo trost in allen iren nötten,
Bis das es got geselliq was
Vns armen hie zuo trösten bas:
Hat vns gesant ein frumen man. 30
Der doufft vnd wüsch bei dem Jordan [S. 10.]
Vnd ist der aller erst gesin
Der vnß lued in die badstub in
Zuo reinigen vns mit innikeit,
Vnd sagt, der himmel wer bereit
Vnd nehert sich hie zuo vns armen.

Got det sich darnach selbs erbarmen   In kraft vnd macht den heiligen namen.
  Vber vns fieng lernnen an,   Daß er so offenlichen hat
  Wie man in das bad solt gan   Daß alle welt gesehen hat
40 Zuo weschen, reinigen sich nit schamen Vnd niemans mit der warheit sag

Reden mocht noch füren klag   Den der tauff nimpt vber al
  Das er von got verkürtzet were   Hinweg vnd gibt dar zuo gnad
  Vnd het nit gewüßt dise mere,   Daß vns kein erbsünd nümer schad.
    Wie man baden solt / sich reinigen,   Sölichs ist durch got so offlich geschehen
    Mit got sich widerum vereinigen,   Das ale welt das hat gesehen.
50 Vffrichten wider Adams fal,   Got hat vns selb ins bad geblasen

Ab zuo weschen unser masen   [S. 11.]
Vffgerüst die sacrament,
Zwölff frumer botten hin gesenkt
60 In alle welt / an allem ort
Hat man die frumen lüt gehort,
Ir warnung vnd ir guote lere,
Wie man zuo got ins bad kere,
Reinige sich, vnd sünd nit mere.
Darum wer weisheit brucht vff erd,
Der luog das er gebadet werd
Vnd rein für gottes augen kum,
Erber tugentlich vnd frum.
Es kumpt ein stund, glaube mir,
70 Hastu im bad lon pflegen dir,
Das kumpt dir so zuo grosen fröden
Daz dich kein ding mer mag beleiden.

[III]

On wasser west sich nieman rein. [S. 12.]
Doch ich nit all wasser mein,
Allein die von dem herzen gond
Vnd sich zuon augen vßher lond.

[Bild]

Sant Augustin der heilig man [S. 13.]
Hatt vil grosser müe gehan,
Biß er zuo lezt beweret hatt
Das vnser sach nit gat von stat,
Wa got nit wer mit seiner gnad
10 Vnd wörmet selb menschliches bad.
Ein mensch der mag sich schicken wol
Das er von got werd gnaden vol,
Wie wol on gottes stüer damit
Er nit fürter mag ein drit.
Zuo Cristus vatter kumt kein man,
Got sahe in dann zuo ziehen an,
Als er sant Paulus hat gethan,
Der auch vol kat vnd vnflat was,
Bis das in got erwörmet baß
20 Vnd gab im zuo der tugent stüer,
Zunt in seim herzen an ein füer
Vnd macht sein badstub also heiß
Das in durchtrang der warme schweiß,

Enzundt in also gar in im
Das er von got sich winckct nym,
Kein füer / kein dot / kein pein noch swert
Den frumen man von got nie kert.
Dann er was in dem bad gesin
In das gott selber heizet yn
Vnd hat darin geschwizt so sere   30
Das er von got nit weiche mere. [S. 14.]
Der mensch das selbig füer enpfint,
Wen im sein herz got an zünt.
So es in erberkeiten brint
Vnd sacht im lieben an die zucht,
Betracht auch aller laster flucht
Vnd sacht sich an mit tugent üben,
Ouch gott den herren dazuo lieben:
So zünt das füer sich an ie mere,
Das man den flammen sicht so sere.   40
In dem hymmel / vnd vff erden
Mag solches füer gesehen werden.
Doran ich gar kein zwyfel hon,
Das gantze bad wörmt sich dar von,
Das weder frost / noch wetters we
Dich ewigklich beleidt nit me,
Vnd würst vff erden nym so kalt
Das dir die biebery gefalt,
An vpigkeyt kein gfallen hast.
Wan du got also wörmen laßt,   50
Dan würdt die badstub also heiß
Daz mich nit wundret ab dym schweiß.
Dan wo got wil, do blost sein geist,
Doch in der badstub aller meyst
Do yn man sich will suffer reynigen
Vnd mit got dem heren eynigen.
Die christen sagendts nit alein,   [S. 15.]
Sunder alle heyden gemeyn,
Das got die hoechste vrsach ist:
On sy den andren allen brist,   60
Mit ir so manglet keyner nüt.
So got vch gibt zuo würzkung stür
Vnd vch zuo weschen macht das für,
Das ir der wörmin wol entpfindt
Vnd vch mißfallen alle sünd,

So ir durch in kein mangel hondt:
So bünd im truwlich ein bistandt.
 Die sach ist üwer all gemein,
 Vnd gibt ein riemen nit allein,
70 Sunder gantze hut do zuo.
 Dorumb luog yeder was er thue!

[IV]

 Wer baden wel muoß sich besachen [S. 16]
Das er auch künd ein laugen machen,
 Die vnser haubt vnd alle sinn
 Wesch / vnd alles das ist din.

[Bild]

Laugen machen

Wer truwlich laugen machen kan [S. 17.]
 Vnd denckt mit gantzer witz daran,
Der solt wol nümer fröden han.
 Die alten waren des gewon,
 Wo es in wolt gantz ubel gon,
10 Detent sie an einen sack
 Vnd truxten manche stund vnd tag
 Vnd saßen nider in die eschen
  Vnd machten laugen sich zuo weschen
  Mit heißen trehen vnd mit weinen
 Anbedchtig / trurig sich zuo reinen.
  Zuo laugen muoß man eschen han,
 Durch einen sack abrinnen lan
 Das wasser, so wirt laugen dan.
 Alß Dauit Verschabe bescheis
20 Vnd sendet Uriam in die reiß,
 Bescheis sich selber ouch damit:
  Ein loug zuo machen sonnt sich nit,
  Det an ein sack / sas in die eschen,
  Mit eignen trehern det sich weschen.
 Mit solcher laugen wusch er sich
  Daß im got det genaden glich.
 Vmb eine dat det er die buoß.
 Ach got, was laugen machen muoß
 Ich armer so ich hab ermert
30 Mein leib und sel an manchem ort

Dusent mal / on alle moß,   [S. 18.]
 Vnd ist min vbel dabt so groß,
 Vnd bruch doch weder sack noch eschen
  Mit buos vnd rüwen mich zuo weschen,
 Myn houpt zuo renigen al myn sin,
  So ich doch gantz im kate bin.
 Ich schickt mich billichen zuo baden.
  Ob got schon mich nit hat gelaßen,
 Ich solt den lougsack gürten an,
 Mein trehen durch die eschen lan.   40
 Ich bin die esch vnd würd zuo grundt,
  So do kumpt mein letste stundt.
 Die esch die ich nun selber bin
 Solt ich mit sack umfassen fin
 Vnd wasser lassen durch mich rinnen
  Mit weinen, so ich det besinnen
 Vff erden al mein vbeldat,
  Die mein muotwil begangen hat.
 Wer ich so gar verstockat dan
  Das ich die loug nit machen kan   50
 Vnd durch die esch das wasser laßen,
  Die laugen durch den lougsack fassen,
 So sol ich got dan rieffn an,
  Der dise loug wol machen kan,
 Das er mir mach der loutzen me,
  Als er macht den von Niniue,
 Die nider in die eschen saßen, [S. 19.]
 Ouch weder trancken vnd noch aßen,
 Leitent nyder koftlich wat,
 Ir ieder einen sack an dat   60
  Biß er sin frinde beweinet hat,
 Darum got in beweis genad
 Vnd wuosch ir houpt in disem bad.
 Sye wurdent sufer vnd so rein
  Das sie der boßheit hettent kein;
 So glitzent wardt die gantze gemein.
 Sie solent euch ein beyspil sein
  Das ir ouch laugen gießend ein,
 Da mit das hopt ir weschen kinnen
  Das es bleibt bei seinen sinnen,   70
 Vß vernunfft vnd ouch weißheit
  Do mit du kumst in ewigkeit.

[V]   [S. 20.]

Sich selb vnrein erkennen

Der gesundheit ist ein grosser teil
 Vnd anfencklich des menschen heil,
Der an im selb nit ist verblent
 Vnd sein eigen kranckheit kent.   [Bild]
Der ist für war ein dorecht man,   [S. 21.]
 Der da wil gesuntheit han
Vnd sicht ein kranckheit vor nit an,
 Verbirgt dem artzet seinen schaden

Vnd ist mit sünden gar beladen.
10 Ich fuor gen Franckfurt vff dem Rein:
 Da viel ein sollich wetter vmm
  Das ich so gantz erfroren bin.
Wer schiffet vff dem Rein gemein?
 In diser welt groß vnd ouch klein.
Wie der Rein erschröcklich ist,
 Das selb ouch diser welt brist,

Die nüt kan dan ieren bösen list.
Wer vff wassern schift / vff mere,
Dem wirt sein fart sorgsam vnd schwere:
20 Gros not leit er / vnd herten zwang
Vnd förcht all stundt sein vndergang.
Also ists leider in der welt
Das niemans weiß wan er veruelt
Sorg / vnd angst / dötliche not,
Vnd weiß nüt von sein eignen bot
Vnd wan die letzte stund heer got.
Darumb ich in ein bad begere
Das mir zuo heilsam dienb were,
Dan ich erken mein franckheit schwere.
30 Wiltu an leib / an seele / gesundt
Werden zuo der badenstund, [S. 22.]
So sprich „o gott von himmelreich,
Wie bin ich also klegeleich
Beschiffen vnd so wieste gar!
Darum zuo baden ich kum har.
Ach her, ich hör das von dir sagen:
So wir dir vnser masen klagen,
Du seist so frum vnd also bider
Das du es alles weschest wider.
40 Ob wir dir gebend schon kein lon,
Noch hastu es willicklich gethon.
Der schecher zuo der rechten hand,
So bald er seine sünd erkant,
Erbotstu im das Paradeiß
Vnd wuoscht in mit dem bluot so weiß
Das er zuo hand ward also rein
Als er ermördet hette kein.
Zuo dir ich solche hoffnung trag:
Het Judas selb gefieret klag
50 Vbir sein verretery,
Du hetst ims als verziegn fry,
Vnd het sich nur nit selb erhenckt.
Du hetst im alles samt geschenckt.
Du hast die lüt gewenet daran
Das ich das truwen zuo dir han,
Du seist so ein gütig man
Vnd reinigest vns ee wir dich bitten [S.23.]
Mit deiner genad nach deinen sitten.

Du nympst das für belonung an,
Nur wen ich sag, ich habs gethon. 60
Ach reicher got, ich leück das nit.
Ich ken mich selbs, nün hor myn bit!
Laß dich mein franckheit ietz erbarmen,
In dynem bad mit genad erwarmen!
Gedenck wie sur erarutest mich!
Des selben bluots erman ich dich.
O reicher Crist von hymmelreich,
Laß mich in das bad hyn yn
Durch byt der werden muoter dyn,
Vnd durch dyn cigne gütigkeit. 70
Behiet mich, her, vor hertzen leid
Vnd gib mir by dir ewig freid!"

[VI]   [S. 24.]

In das bad enpfahen

Bis willkum mir, mein fleisch vnd bluot!
Wie ist dein zuokunft dir so guot!
Kein kind ward nie vff erden baß,
Denn da es by seinem vatter waß.

[Bild]

Alß got sein güte wolt bedagen [S.25.]
Vnd von seiner genoden sagen,
Sagt er von eim verlornen kind,
Der leiber fil vff erden sind,
Der alß seins vatters guot verdet:
Vnd da er gantz vnd gar nim het, 10
Zuo seinem vatter fert er wider.
Der vatter war so frum vnd bider
Das er seim sun entgegen lief
Vnd weinet von seim hertzen dieff.
Das er sein sun het wider funden,
Deß freüet er sich freulicher stunden,
Entpfieng in frintlich in das bad,
Wie groß doch war sein eygen schad.
Sein vetterliches hertz duot das
Das er dem bösen genedig was 20

Vnd lies im nach al missedat
Die er zuo im begangen hat.
Dem eintzigen scheffliu lief got noch:
Also ist got dem heren goch
Vber sein verlorni kindt.
Wie wol er sie in sünden findt,
Die letzen gab er vnß vff erden,
Ob wier zuo zeit benötigt werden
Daß wier in hymel ermanen vn
30 Das er wel vnser vatter sin.
Der vatterschaft erbot er sich   [S. 26.]
Weit von vns in dem himmelrich.
Vatter ist ein kleines wort
Vnd dreit vff im ein grossen hort.
Frylich wer ein vatter ist,
Der luogt das den kinden nit gebrist.
Die hoffnung solt ir zuo im han:
Nympt er sich vnser kintheit an,
So lat er vns nit dussen stan.
40 Er duot als ein frum vatter duot,
Entpfacht sein kindt frölechs muot.
Er hat vns ee sein genad erzeigt
Dan wier zuo bitten seind geneygt.
Darumb sacht an die sünd zu biessen
Vnd lont in seiner guet geniessen!
Der ist ein schalck in haut vnd hor
Der in beleidet hat ie vor.
Er det doch nie keim menschen leit
Vnd ist vns ale stundt bereit.
50 Er wist vns off nur wan wier wöllen,
Büt vns die hant so dick wier vellen
Vnd leit mit vns recht vnden eben
Daß wir in werlich billich loben.
Gabts vns wol, so freuwt er sich:
Gat es vns vbel, weint er gleich.
Mit vns kein mensch off erden hie
Dete sölliche posselarbeit ie. [S. 27.]
So er vns so gewillig ist,
So braucht mit im kein falschen list,
60 Wo man frumme menschen het,
So spricht man, wer in leybes det,
Der sünt in himmel da vor got.

Wer nun selber got verspot,
Ist er frum, verstand ich nit,
So in got me belendet mit.
Luogt das ir zuo baden gat,
So er so friuntlich vch entpfaht,
Darzuo vch das badgelt schenckt.
Darumb luogt, vwers heils gedenckt 70
Vnd stelt nach gotz barmhertzigkeit,
Die er so trostlich zuo hat geseit.
Duond iers nit, es wirt euch leit.

[VII]   [S. 28.]

Sich abziehen

Wer ale sünd vnd boßheit flücht,
Der selb sein kleidung gar abzeucht
Vnd zücht sein hut ab mit den schlangen
In vblem daß er hat begangen.

[Bild]

Salustius der heid wert   [S. 29.]
Hat geschriben vnd gelert
Das wier in vilen dingen sindt
Als das fihe / nit also geschwindt,
In manchem vbertroffen sindt
Von dem sihe in dieser welt. 10
Doch hont wier in dem vberhandt
Das wier doch haben ein verstandt
Vnd mit vernunft vns bruchen künnen
So das sihe nüt kan den sinnen.
Sie bruchent oft vnd dick ir sin
So wier vernunft lon fallen hin.
Ein schlang, wan er veraltet ist,
Suocht er ein spalt mit list
Vnd schlüft darduroh mit hertem zwang
Das im die alt haut abegang 20
Vnd bringt im selber also ingent.
Det der mensch ouch das mit bugent
Das er abzüg sein altes kleidt,
Das er mit schandt vnd laster treit,

Vnd iüngert sich mit zücht vnd eren
Vnd det im bad das selbig leren
Das er doch nackent gieng darin
Vnd sein alt kleidung leget hin,
So möcht er sich erst baden sein
30 Vnd det das im zuo nutze kem,
Wan er das cleid nit mit im nem, [S. 30.]
Die kleidung meyn ich doch allein
Die laster bringen, vnd sunst kein.
Den sich ein yeder decken muoß
Vff notturst fur syn erste bueß.
Den als Adam gesundet hat,
Da strafft in got an der selben stat.
Ein bote dierhut det er im an
Das er alzeit gedechte daran,
40 Wie er selber euch muest sterben
Vnd als das dote dier / verderben.
Die haut solt im ein zeichen sein
Das er durch dot ouch solt da hyn.
Zuo buoßen gab im got dis kleit
Das man iezundt zuo hoffart dreit
Vnd zuo der welt vppigkeit.
Es wurt vch worlich werden leit.
O wie haltendt ir die buoß
Das vch got des vergelten muoß!
50 Wie treibt ir so ein bösen spot
Vß der buoß die vch gab got!
Es duot das got gietig sy
Das er verzeicht solch bieberv,
Vnd niemans ist der solchs bedracht
Das im zuo notturfft ward gemacht
Die kleydung / vnd zuo schalckheyt nit.
Seeht baß für vch / das wer min bit! [S. 31.]
Wie künt ir also schellig sein
Das ir nit sehen baß doreyn?
60 Es gilt doch vwer leib vnd leben
Vnd was vch got ye hat gegeben.
Wie halten ir das also ring
Alß wer es nur ein schlechtes ding,
Vnd so leichtlich für sich ging?
Wan ir vch zuo baden bereit,
So ziehent vß ein solches kleyt

Vnd bringent nit für gotts gesicht
Das vch doch schedlich wer fillicht.
Duont die hochzeitlich kleydung an
Das ir zuo brulofft mogt bestan   70
Das ir nit werd geworffen vß
Do frost vnd kelten ist daruß.

[VIII]   [S. 32.]

Vor got nackent ston

Wie stand ich, her, so nackend hie
Das ich mich dackt mit tugendt nie!
Mein grosse sünd ist schuldig dran
Das ich so nackent vor dier stan.

[Bild]

Als ich die götlich geschrifft merck, [S. 33.]
Vns folgt nüt nach dan vnsre werck.
Die bringen wir für gotz gericht,
Sust mag vor got vns kleiden nicht,
Dan die guoten werck alein
Mit den wier seindt gewesschen rein.   10
On bise werck ston wir gantz blos
Vnd halt vns nieman schadenlos.
Wier müssen werlich werden innen
Das wier ietz nit gedencken künnen.
Es kumpt ins himelreich kein man,
Der sich mit zucht nit decken kan
Vnd treit der eren tugent an.
Ist er dan nacket / nit bedeckt,
Mit schandt vnd laster gar befleckt,
So geschicht im als och Adam geschae, 20
Da er sich vor got nackent sahe.
Er schemet vnd verbarge sich,
Als er het vbertretten glich.
Wer er bliben in seinem standt,
So het er besorgt keine schandt,
Wer bliben in seins vatter landt:
Sunst müst er eilens bald herus
Vnd spüren mue vnd arbeit buß.

Als er het vnrecht dan zuo stundt,
30 Merckt er das er nackent stundt.
Got lert die fünf iungfrouwen schon [S. 34.]
Wie sich ein yede solt kleyden lon,
Das sy ouch mocht zuo brulofft gon
Vnd ir amplen mit ir tragen,
Nit das sy wolt erst louffen iagen
Vmb das öl, so keme die zeit,
Wan zuo baden gondt die lüt.
Scham dich, wil du es besseren magst.
Wie du hie lebst, lüg das du klagst.
40 Hie wescht man sich / dort badt man nit.
Vor gots vrteil hilfft dich kein bit.
Bistu mit sünden uberladen,
So wirb im leben vmb genaden.
Dort ist die zeit der gerechtigkeit,
Do alle gnoden wirt verseyt
Die dienend ist zuo ewiger freid.
Jr etlich sagen, das zuo zeyt
Got durch sein genad ein hoffnung gyt,
Das die verdampt seindt ewiglich.
50 Was hilfft das zuo dem himmelrich?
Noch seindts verdammet kleglich.
Es ist genad, als wen man git
Das schwert/so man wil hencken nit.
Gedenckt warum ir seindt beschaffen
Und warten seint der lesten straffen.
Wer sich selber strafft vff erden,
[S. 35.]
Der würdt von got nit gestroffet werden.
Verheißt vch selb nit langes leben!
Jr wißt nit, ob got das wel geben.
60 Jr sollendt got hie truwen wol:
Doch yeder für sich sehen sol.
Wer da duot nur was er wil,
Der truwet got nur fil zuo fil,
Verfelet offt des rechte zil.
Darum so kumpt vor got gekleidt,
Ja wie mans in dem himmel dreyt,
Mit allen dugenden besetzt,
Und wie mans zuo dem besten schetzt,
Nit wen du muost vor got hyn gon,

Das du dich schamst do nacket ston, 70
Vmb siehst dich wyt vmb genad do mit,
So sie dir do wurt geben nit.

[IX]   [S. 36.]

Die Füs weschen

Jst es war das Christus seit,
So ist der himmel keim bereit,
Jm sei den von got vorhyn
Sein wiesten fies gewesche syn.

[Bild]

Wan ich gedenck an solche tat,   [S. 37.]
Das got die füs gewesche hat
Einem menschen hie vff erden,
Do mit demietigen berden,
So muos ich solchen grusma han
Daß mier mein har zuo berge stan. 10
Den himmel, erden förchten muoß,
Der knuwt da vor eim beschissen fuoß.
Er kusset in/und wescht in rein
Allen seinen iungern gemein;
Darzuo beweinet sie inniclich
Got selber demütiklich.
Ach her, was hast an vns ersehen
Das du vs güst so kleglich trehen?
Hastu vß lieben das gethon,
So geben wier dier kleinen lon. 20
Wier dancken dier der lieben vnd guot,
Als ietz die gantze welte duot
Der dugent dancken vnd der eren.
All deine güt mogen vns nit leren.
Wiesch du dusent mal die vies,
Noch dannocht niemans sünden lies.
Wier habens da für an genomen
Das du hast müssen zuo vns komen
Vnd sei dier angedinckt gewesen
Zuo füeren so ein ellends wesen. 30

— 11 —

Bistu nun das schuldig gsin, [S. 38.]
So dnot dier niemans danckes schein.
Man rechts nit heim vß gütigkeit
Das du vns bist alzeit bereit.
Du müsts wol thuon on alen lon,
Ein heller geb man nit darnon.
Noch dennocht bistu, her, so guot
Das du nit strafft den bösen muot,
Als dan ein zorniger duot,
40 Der doch mit gerechtigkeit
Strafft menschlichs vndanckparkeit.
Vmb unsern willen das nit geschicht:
Wir hons vmb dich verdienet nicht.
Ich gloubs von dier gantz festicklich
Das / ob bei dir im himmelreich
Vnser trost vnnd hoffnung stand,
Sie dich erbet für vnß zuo hant,
Der wir vff erben hie geniessent
Es das wir vnser sünde biessent.
50 Ach her, sie hats vmm dich verdinet
Das sie vns al mit dir versienet.
Durch die selb frum keiserin
Thuo vns, her, deiner gnaden schin!
Laß vns ir zucht / vnd ouch ir eren
Geniessen, die wier von ir hören!
Lern vns, her, al demütickheit,
Dar von du trefflich hast geseit, [S. 39.]
Als deine iunger saffent wider
Vnd du zuo in saffest nider,
60 Duch gabst in offenlich verston
Worumb dn sollichs heft geton,
Ein wol verstendigs beispil geben
Das sie in dugent solten leben,
So du doch, got vnd meister beid,
Sie zuo weschen warst bereit
Vß lieb / vnd uß demütikeit.
Ich hör von demuot solches sagen
Das sie allein vns fürt mnoß tragen.
Dan wer sich selbst setzt oben dran,
70 Den heißt man darnach dannen gan,
So doch fürwar demütikeit
Der oberst stuol ist vor bereit.

[X] [S. 40]

Den Leib reiben

Reiben ist ein schlechte buoß
Die ein badkind halten muoß
Wer alein hie wirt geriben,
Der wer wol halb schier dns bliben.

[Bild]

Wer in dise batstub sitzt [S. 41.]
Vnd nur ein wenig din erhitzt
Das er nur cleine tropffen schwitzt,
So muos ich in ein wenig reiben
Dan sie nit lang im bad bleiben.
Dis schwitzen geschicht in in der beicht, 10
So er gelaben inher feicht
Vnd schnuft recht alß ein alter bere,
Dan er gelaben ist so schwere
Von sünden / das er kum mag gon
Vnd kumpt alein sich zuo baden lon,
Das er ein wenig ab wel laden,
Nit gantz vnd gar wel sufer baden,
Das er darnach mit ötem sin
Widerumb gelaben sin:
Nur das er halt der kirchen gebot, 20
Nit das er sich im bad vor got
Seiner sünden wolt beklagen
Vnd von bitterem hertzen sagen.
Er förcht alein darumb die welt
Das er sich her zu baden stelt.
Vmb gottes vnd der heiligen bit
Beicht er in dreißig iaren nit.
Denselben reib ich nur ein klein,
Er bleib recht fatig ober rein.
Ich lus im oben ab im gründt. 30
Vber solche grobe sünd [S. 42.]
Las ich sie nur ein wenig betten,
Die wirdiger den galgen hetten
Verdienet hie / vnd euch das rat.

Noch reib ichs nur ein klein im bad,
Dry Aue marya gib ich im
Vnd sprich, „mein lieber sun, das nym!
Luog halt die buoß die ich dir gab,
Da mit wescht du all sünden ab."
40 Es ist wol in des priesters willen
Geben buoß hie zuo erfüllen,
Aber also schlechtlich reiben
So wir so grose mortstuck treiben:
Es kan do bei kurtz nit bleiben.
Veder seind auch in ginner welt:
Do reibt man nit wie es gefelt.
Ich wolt mich lieber hie lon schinden
Den dort nur bey den reybern finden.
Wer im selb barmhertzigkeit
50 Beweißt, vnd duot im niendert leit
Vnd ist im selber also zart,
Den wirt man dort bas gürten hart.
Heli fiel sein kopff in stucken
Das er beid seiner kinder ducken
Vnd ir schalckheit strafft nit:
Darumb strafft in got damit.
Wer hie ein kleine buoßen duot, [S. 45.]
Den strafft man dort mit harter ruot.
Ir ieder gern in himmel kem,
60 Wie wol er drum fein arbeit nem.
Sie wellent all ein grosen lon
Vnd all dabei müsig gon.
Wie wol ich das kan nit verston,
Das vch werd der himmel geben
Mit zartem reiben, weichem leben.
Got selber der von himmel kam:
Was grosser arbeit er aue nam
Ee das er wider kam do hin
Da er vor was ein here din!
70 Darum seind nit so treg vnd feig
Vnd stoßt die hend bas in den deig,
Greifft vnser sachen frölich an
Das sie vor got ouch mögen bstan!

———

[XI] [S. 44.]

Die hut kratzen

Wer sich im segbad muoß lon kratzen,
Der kumpt vnder die rechten katzen,
Wer sich hie gantz nit reibet schon,
Der muoß sich dort wol kratzen lon.

[Bild]

[S. 45.]

Wier fliehent schedlich, suochent schad.
Wer sich hie reiben laßt im bad
Vnd spricht, „schon, nun tü süberlich!
Ich bin erzogen zartiklich:
Darumb solt ir die negel sparen,
Aber mein leib nit so grob faren. 10
Schnauwt mich doch nit so groblich an,
So ich kum her zu beichten gon."
Din will ist also las erzogen.
Also falsch vnd ouch erlogen
Das sie got vnd dye welt betriegen
Vnd ale ding zuo schanden riegen.
Sie achtent weder got noch ere,
Weder frumkeit, zücht mere.
Wer den andern bescheißt mit list,
Der selb ietzund ein meister ist. 20
Des selben surw ist ietzundt feißt
Der allen fund vnd schalckheit weißt.
Nun bringt mans kum mit straff darzuo
Das zuom iar nur einmal thuo
Seine beicht, seim herren got
Doch erken, vnd nit verspot.
Nun kumment sie herzuo gezwungen
Mit laster steinen her getrungen,
Vnd hont gestolen vnd gebrandt,
Geroupt, gemordet mit der hant, [S. 46.] 30
Vnd sprechent dannocht, „her, far schon!
Vor dem krütz mag ich nit vmer gon,
Vnd mich offenlichen schenden."
Da mit sye got wellen gar verblenden.

Sie sprechen, „her, nun schonent mein!
　Ich wer nur gern geriben sein
Vnd mag das kratzen nit erleiden.
　Die herten straffen solt ir meiden.
Kratzt ir fast, ich louff daruon
40　Mein lebtag on die beicht zuo ston."
Was sol ich mit in fahen an?
　Sie wend sich gar nit straffen lan.
Ich besorg fürwar, es sei zuo fil
　Das niemand sich ietz straffen wil,
So gar mit freigem willen sünden
　Vnd mit lachen genad erfünden.
Es muoß ein ander meinung hon.
　Wer sich hie nit wil kratzen lon,
Den wirt man dort mit zangen reissen
50　Vnd mit eberzenen beissen.
Vor zeiten geschahe es vff ein fart
　Das ein frow ein bapst warbt.
Die kam mit einem kardinal,
　Schwanger ward, kam in den fal.
Der got gab im dannocht die wal,
　Ob sie vmb solche missedabt
Offenlich miten in der stat　　[S 47.]
　Schanden leiden, das kindt geberen,
(Er wolts darnach der genad geweren)
60　Oder heimlich geberen sein
Vnd darnach verdampt sein.
　Sie sprach, „ach got, du reicher Christ,
Selt du mir also genedig bist
　Vnd gibst mir vff ein solche wal,
So kratz mich redlich vberal,
　(Nit reib mich zarticklich alein)
Zuo einem beispiel aller gemein.
　Ich wil mich redlich kratzen lon
Das ich mög dort in gnaden ston.
70　Darnach wesch durch barmhertzigkeit
　Ab / al mein sünd (sie sint mir leidt)
Durch dein gruntlose gütigkeit."

―――――

[XII]　　　　　　　[S. 48.]

Schrepffen.

Wer durch kratzen vnd durch reiben sehen,
　Laßt schlecht vnd schwer sind von im treis
Der muoß das geil bluot von im lon,
　Das er sein sünd me kan begon.

[Bild]

Schrepffen ist für lachen guot.　[S. 49.]
　Ja wan dich juckt das geile bluot
Vnd druckt das bluot dich nur zuo fast,
　Wan du es dan nit von dir last,
So züchstu ein schedlichen gast:
　Wan das bluot wallet / hitzig ist,　10
Nattürlich wörmin nit gebrist,
　Als das ist bei iungen lüten.
So reitzt es dich zuo allen zeiten
　Louffen / toben / wüten / rennen,
Weder got noch heiligen kennen.
　So du das nun merckst an dir
Vnd weist das got als kummet für
　Vnd doch gar nüt verschwigen bleibt,
So got das guot vom bösen treibt,
　Spruwern von dem korne want,　20
Vnd die schaff von den geissen bandt,
　All vnsere taten wiget eben,
Nach iedes dienst belonung geben,
　Vnd wirtt zuokumen ein stundt
Das du gebst drei tusent pfundt,
　Tu hettest anders hie gelept
Vnd nit nach vppigkeit gestrept.
　Darumb so denck das selb ietzundt
Ee das zuo der rechtfertigung kumbt.
　Las von dir schrepfen das selbig bluot　30
Das dich zuo geile reitzen tuot.　[S. 50.]
　Tet es dir schon ein wenig wee,
So darffstu es dort nit leiden me.
　Doch muostu vor die eysen kennen

Die solches blůt schrepffen von denen.
Sie heissen fasten / betten / weinen,
Da mit das geil blůt man bůot reinen,
Mit wachen vnd mit lesen yeben
Vnd sich vmb eigen sündt betrieben
40 Vnd ouch vmb sünd der gantzen gemein.
Wo findt man aber derselben ein,
Der der welte sünd bewein?
Das hörte zůo der priesterschafft.
So sein wir selb mit sünd behafft
Vnd sind mit laster so besessen
Das wir der anderen sünd vergessen.
Darumb so gat es als es mag
Vnd fiert man alethalben klag.
Wir sollten vor den armen gon
50 Vnd nit so weit da hinden ston:
Den wir ouch seind ins bad geladen
Mit reiben / kratzen / schrepffen / baden.
Schrepfft hindan das böse blůot
Das ych so gusel machen bůot,
Als die heiligen schrepffen lon
Die in groß abbruch haben gethon.
Darum sie vor gottes angesicht stan [S. 51.]
So wir hinder im offen sitzen
Vnd dennocht mögen nit erhitzen
60 Das wir in diser batstub schnitzen.
Solt ich dir von der heiligen wesen,
Iren abruch / schrepffen / lesen,
Wie sie sich hant im bad gehalten,
Ich miest fil biecher manigfalten,
Doch von fasten sagen fil,
Dunck mich, als der da predigen wil.

[XIII] [S. 52.]

Das haubt waschen

Wenn der leib gebadet ist
Mit kratzen, schrepffen wa im brist,
Versihe darnach das hept behend:
Da selbst leit gantz das fundamendt.
[Bild]

[S. 53.]
Bewar dein houpt mit groser kunst,
Sonst wer dein baden gar vmb sunst.
Es leit am houpt alß sammen gar:
Darumb mit weschen das bewar
Das dir kein irrung widerfar!
Gedechtnüs / willen / vnd verstandt, 10
Die dry stick im houpte handt
Gleich bildung, als man das seit,
Für war mit der dryfaltikeit.
In dem sindt wir gotz bildung gleich.
Darum wesch dein hopt gantz süberlich!
Halt dis drey ding in grossen ern!
Mit in magstu dich alzeit weren
Vor allem das dir schedlich ist.
On sie all tugent dir gebrist.
Wo der wil nit ist darby, 20
Da ist kein sünd noch biebery.
Wie wol mit bösem ödem willen
Fil biebery du kanst erfüllen.
Der willen sitzt in deinem houpt
Alß ein künig, der erloupt
Das zůo thůon / vnd dis zůo lossen,
Der gähen důot / vnd haldet mosen.
Ist der willen in dem houpt,
Der dir bös vnd gůots erloupt,
Des gleichen schatz ist nit vff erden. 30
Darumb wil sein gewartet werden [S. 54.]
Mit weschen / zwahen / anderem me,
Das dir der schatz nit mög verderben,
Durch den du můost in himmel werben.
Der willen ist der erste grad
Zůo reinigen sich in disem bad.
On solchen willen, sag ich dir,
Kunstu nit durch der himmel thir
Vnd můost bleiben ston darfir.
Noch ist gedechtnüs vnd verstandt 40
Die ouch im houpt ir wonung hant
Vff die man billich halt groß acht,
So die dry hat got gemacht
Zůo seiner gleichnüs hat geformiret,
Durch die der gantz mensch werd regiret.

Wo es den dreien ybel got,
  Vmb alle andere glider stot
Es ybel vnd ist gethon.
  Darumb solt ir wol warten son,
50 Bit got das er dir zwagen dieg,
  Zuo hietung einen engel fieg,
Der dein als eins ongapffels hiet,
Das diser dreyen keins nit wiet,
Vnd haben bis an end bestandt
Bis das du farest ins vatterlandt.
Bit got mit eigner zuokunfft
  Das er behüte dir vernunfft. [S. 55.]
Nit duo mit zorn vnd truncfenheit
  Den dreyen in dem houpte leidt!
60 Es stot dir ornff dein leib vnd leben
  Das du ir wartest recht vnd eben.
Dan fil verderben in den dreyen
Ee das sie vor dem bodt erleyen,
Vnd sterben wie das fihe dohin
  Vnd habendt weder witz noch sin.
Fileicht houdt sie das nit verdiendt,
  Darzuo mit got ouch nit versiendt,
Das er in gnad beweis
Vnd wiesch ir houpt mit solchem fleis
70 Das daruff nit wiechse lüs noch nis.
Darumb bit got mit innifeit
Das er zuo zwagen sei bereit
Durch sein grundtlos barmherzifeit!

XIV. [S. 56.]

Das haupt scheren

Scheren ist ein geistlichheit,
  Die gros betütung off ier treit
Vnd offenlich betütung hat
Das er sey in dem höchsten pffat.

[Bild]

Kein mensch ein höcheren stande treit
  Den priesterliche wirdifeit. [S. 57.]

Sie seind worden all darzuo
  Das ieder vnderweisung thue
Mit betten, singen, worten, werefen,
  In guotem arme lüte ersterefen, 10
Vnd seigent alle zeit bereit
Vff dem weg der erberfeit
Zuo sieren die arme christenheit.
  Sie tragen uff dem houpt ein blatt,
Die man darumb in scheren latt,
  Wan er stot uff dem altar,
Was hinder im stat, sein nimet war,
  Das er ein offlichs zeichen treit
Der grossen genad vnd gütifeit.
Do bei verstand das heilig brot 20
  Das got durch in verwandelen lot
In sein selbs substans verwendt
In dem heligen sacramendt,
  Darin er bis der wellte endt
Sich by vns hat erbotten zuo sein.
Das dreit der priester offen schein
Vff seim houpt zuo sehen das,
  Wie vns got so genedig was.
Die anderen sond in kronen scheren,
Da mit sie iederman wellen leren 30
Des leidens christi zuo betrachten [S. 58.]
  Der kron die im die iuden machten
Vnd der grossen vndanckbarkeit
Die er vmb güt von innen leit,
  Durch wölches leiden wir al meinen
In disem bad suser zuo reinen
Lassen weschen, vnd euch scheren
Vnd alle büberyen weren,
Dugent reben, vnzucht fliehen,
Zuo allen zimlichheiten ziehen. 40
Das selb zeichen, disse kron
  Findstu uff deren heüptren ston
Die dir in dugendt für soln gon,
Wie wol du offt das von in klagst
  Das du ieren gang nit spiren magst
Vnd ouch nit spieren iren trit,
Darumb du in kanst volgen nit.
Hastu nun gedult mit in

Vnd dennoch bleibst vff rechtem sinn,
So bist du vff der rechten ban
Das vwer keiner fellen kan:
Dan die blatten vnd ier kron
Sie alle christen sehen lon,
Die hinden vff dem houpte ston.
Vnd sehend sie der nimmer kein,
Doch zeigends nur der armen gemein,
Wan sie ier blatten selber sehen. [S. 59.]
Fileicht möcht ich in warheit iehen
Das sie sich erberlichen hielten
Vnd nit so krume herlin spielten.
Ach leider got, das ist nun nit.
Darum der arm der prister trit
Vor sein augen nümer sicht.
Vnd macht das wir auch volgen nicht,
Verfürend vnß mit in darzuo
Das weder ich noch er nüt thuo
Vnd volgt ein blind dem andern blinden
Das wir den weg dort nümer finden.
Ich gloub das sie recht geschoren weren,
Wan sie mit wercken vns ouch leren,
Als sie nun das dundt mit worten:
So stündt es bas an allen orten.

[XV] [S. 60.]

Mit lauander besprengen

Scheren mit lauander schmieren,
Ein priesterlichen stat zuo füren,
Bedüt wie man in halten sol
Das er vor gott ouch rieche wol.

[Bild s. S. 17]

Salbung ist ein heligkeit [S. 61.]
Die niemans dan ein priester treit
Vnd ouch küniglicher stat.
Wem got der eren günnet hat,
Was hie gesalbet wirt im leben,
Ist alles sammen got ergeben:

Bedütet ouch götlich gewalt,
Dan sie haben manig falt
Von got entpfangen gwaltiflich
Zuo reugieren dugentlich.
Die priester seind gesalbt mit eren
Das sie dich mögen dugent leren,
Straffen dich vnd ledig lon,
Darnach du etwas hast geton.
Er mag dich ledigen oder binden,
Darnach sie dich in sünden finden.
Was er hie vff erden duot,
Das wirt erkant im himmel gůt.
Er sol gottes gwalt an dir erfüllen
Mit gnad / doch noch seinem willen,
Vnd sol mit dir so erlich leben
Als er muoß got drum antwort geben.
Darumb das er gesalbet ist,
Beuolen ist der arme christ
Das er mit fleiß der selen acht.
Darumb in got ein priester macht,
In disem bad gesalbet hat, [S. 62.]
Genumen ab allen vnflat,
Mit köstlicher salb geschmieret
Das er der christen sel regieret
Im höchsten staudt den er fieret.
Nach dem hat er ein küng gemacht:
Wie priesterschafft der selen acht
Also sol er den leib bewaren
Vnd sich mit rechten nümmer sparen.
Der statt vor got ist also wert,
Das im got geben hat das schwert,
Das er dödt vnd lies das leben
Wie es sich gesieget eben.
Mit got vnd ouch der gerechtigkeit,
Wittwen / weisen / nit beleidt,
Hinder sich gedenck vnd fürdt
Das got der her ouch richten würdt:
Den armen man nit vnderdruck
Durch biebary vnd falsche stuck:
Des grosen gwalts mißbruch nit sich;
Got lett das nit im himmelrich.
Der priester / vnd der küniclich statt

Hondt beide / gottes vicariabt: Sie beid fir götter solendt hon [S. 63.]
  Stathalter gottes seind sie beit   Die bey vns wonendt hie vff erden.
Durch vrteil vnd gerechtigkeit.   Darumb sie von got gesalbet werden
  Darumb ir billich vnderthon   Mit salben die wol riechen duot   60

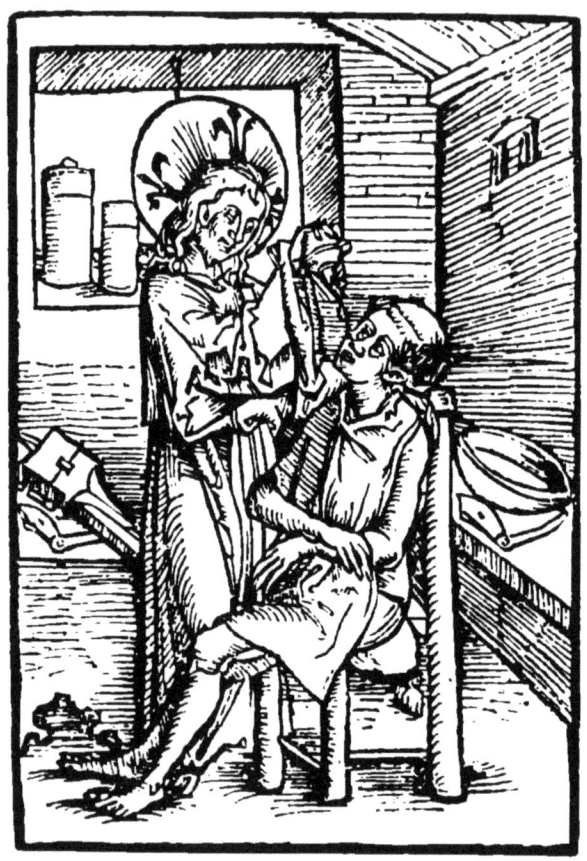

Das sie der armen haben huot.   Den sie vff diser erben handt,
  Wier sollendt in gros er erbieten   Vnd eret daran göttlichen standt.
Das sie vns dag vnd nacht verhieten, Wer got liebet, der eret sein knecht,
  So wier ruowen, miessendt wieten.   Alß billich ist vnd warlich recht.   70
Wer sie darumb in eren halt,   Wer ere erbüt der oberkeit,
  Der eert daran gottes gewalt,   Der duot als Christus hat geseit.
  2

[XVI] [S. 64.]

Das har strelen

Wan mir Christus wort nit felt,
 So hat vns got hie allen gstrelt
Das off dem houpt nit ist ein hor,
 Er hatts gezalet alles vor.

[Bild]

So groß ist gottes fursichtikeit [S. 65.]
 Die er hie zuo dem menschen treit
Das er selber hat geredt,
 Wie er sein har alß zalet hett;
10 Vnd sol nit eins von in allen zergon,
 Das er vns nit beware schon.
Das ist ein grosser trost virwar,
 Das er so strelet vnser har
Vnd nacheinander alles zalt,
 Das im darvon nit eins entpfalt.
Wie mag er vns so lieb nur hon,
 So wir das nit vergelten son
Vnd im so gar vndanckbar seint,
 Vmb synr guottat werden seindt?
20 Die schuld ist vnser schelligkeyt,
 Würdt niemans dan vns selber leit.
Ein schlang ist gyfftig von der art:
 Darum sein gifft er niemans spart,
Ob man in wörmt oder zartet schon,
 Noch mag er nit sein gifften lon.
Der selben art seind wir ouch hie
 Das wir vmb guotat danckten nie.
Je me vns got der guottadt duot,
 Je me verschweren wir sein bluot,
30 Sein heiliges leiden, al sein wunden.
 Darumb seind wir gar böse kunden.
Wo kein guot verborgen lit, [S. 66.]
 Da gat es ouch her vsser nit.
Strelt er noch ein mal das hor,
 Hetts tusent mal gezalt fir wor,
Wir sehendt in doch nimmer an,
 Wie grossen fleiß er hat gethan,
Sagendt dennoch was ir welt.
 Wem diser trost von got nit gfelt
Das got sein hor hab alß gezelt
 Vnd hab so grose sorg vir in 40
Das in ein herli fel nit hin,
 Der hat an got verzweifelt gar
Vnd hat nüt guoz in hut vnd har.
 Ach nemendt doch der heiligen war,
So findt ir das sie got nit labt.
 Secht doch, was er mit Jonas dabt,
Zuo dem er kam in mörs grundt
 Als in der fisch het in dem schlundt.
Er was bei ym in kerckerß nöten,
 Vnd wo man wolt ir einen böten 50
Der ie ein bit lies von seim muud,
 Gleich vff sein wort got bei im stundt
Vnd achtet das er in gewert
 Was er nützlich an in begert.
In mörs grundt, in wiesten welden,
 In bieffen beleren / breiten felden,
Vff dieser erden warde kein ort, [S. 67.]
 An dem got nit ir stimmen hort
Von har zuo har / von wort zuo wort,
 Eygentlich in allen dingen, 60
Vnd ließ sie von kein heren zwingen,
 Den so vil im gesellig was
Vnd sie ouch möchten leiden das.
 Zalt er die har so eygentlich,
So laßt er werlich nimmer dich.
 Das ist denocht ein schöner trost
Den du zuo got vff erden host,
 Das er dein har al hab gezalt,
Bewaret sie mit seim gewalt
 Das keins nit zuo verderben falt. 70
So gros ist gottes fürsichtikeit,
 Alß vnß die götlich geschriffte seit,
Das er zuo vns solche warnung dreit.

———

[XVII]   [S. 68.]   Das dein hertz in lieben brindt,

Im bad lecken

                     Vn got nüt anders mer entpfindt. [Bild]
So ab gewesche sind die sünd,   Lecken ist die gröste gnad   [S. 69.]
   Darnach mit lecken got enzint,   Die got beweißt in disem bad.
                         Wer ein man so gar entzindt:
                            Das er so gantz in der lieben brindt,

    Alß er sant Paulus hat gethan,   Alß er vmb got durechtiget ward,
10   Da er sein hertz im zündet an,   Nit ein mol / wol tusendt fart,
     Das in kein für / kein pyn noch schwert   Noch hielt er steiff / vnd also hart
     Nie von got dem heren keit.   Das im solchs alß ein freiden was

Vmb gotes lieb zuo leiden das.
Als hat got die muoter syn
In disem bad gelecket syn
20   Das ich sy stet erfunden hab,
Do al zwölfbotten fielent ab.
 Worum sy aber gefalen sindt:
Das det / sie worendt nit entzindt
Als im vff die pfinstag geschae,
Da yeder sichtbarlichen sahe
Das für von hymmel abher kummen,
Von dem all leckin werden genummen,
Vnd würd ein mensch erhitzt so gar,
Lebt er hunderdt tusent iar,
30   Dar zuo kem es im nymer me
Das im die keltin beten wee.   [S. 70.]
 Das magstu dabei wol verston:
Als die zwölffbotten wolten gon
Durch die gantze welt vff erden,
So kalt möcht keiner von in werden
Das er ab fiel von Christus wort,
Ob man sie schou darumb ermort.
 Mit zangen wardendt sie zerrissen,
Die vntier habent sie zerbissen,
40   Man hatts geedert / vnd erhangen,
Gepiniget mit glüenden zangen;
Man hatts gerebert vnd verbrandt,
Kleglich vß allem laub verbandt,
Vnd habent sie kleglich geschunden,
Geferkert ellendt vnd gebunden,
Geworffen für den wilden hunden.
Es wer recht man oder weiben,
Noch liessendt sie nit ab sich dreiben.
Es halff an in kein pein vff erden
50   Das sie abdringig möchten werden,
Man brucht was man wolt mit gferden.
 Was aber daran was die schuld?
Das ist allein die gottes huld
Das sie hielten so grossen gedult,
Vnd daran kein zweifel druogen,
Got wirt in vmb belonung luogen.
Doch leidens das nit vmb den lon: [S.71.]
Die grosse lieb hat das gethon.

Den got war in der höchste fründt,
Der sie so gar het angezündt   60
Vnd in seine liebe erflampt
Das leib vnd sel brandt alles sampt.
Als ir süffzen vnd begeren
Was das sie nur bei gotte weren.
Got hat die lecke so heis gemacht
Das keiner nüt den gotz betracht.
Ach her, fier uns ouch in das bad
Vnd leck vns armen durch genad!
Wir seind in dugend so kalt,
Erfroren gar so mannigfalt,   70
Das wir des frostes miessendt sterben
Wan wir kein hltz von dir erwerben.

[XVIII]   [S. 72.]

Die Füs reiben

Wer mir den kitzel gar vertreibt,
So er die fies im bad mir reibdt,
Der selbig darff wol vnderston.
Das got gar selten hat gethon.

[Bild]

Wan du schon gantz gebadet bist,   [S. 75.]
Wie ich das bad zuo hab gerist,
So weiß ich, das dennocht mer gebrist.
Sant Paulus, wie ich oben redt,
Was darzuo hort als sammen dedt.
Wie wol das lecken in entzindt,   10
Noch reitzet in an der böse findt
So hefftiklich vnkeusch zuo sein
Das er zuo got badt hilffes schein,
Das er doch werdte disem geist
Der in anfechte allermeist,
Der im so iuckte seine fies
Das er in nit im herschen lies.
Er reib die fies dem man so andt
Das er den kitzel bald entpfandt:
Noch weret er durch sein verstandt.   20

Kein man so heilig ward vff erden,
Den nit der tüfel suocht mit gferden,
Es sei doch fil recht oder lützel,
Das er entpfandt den kitzel.
Doch bruch vernunfft da mit gewaldt,
Luog für dich, dein fies stet haldt!
So dir der tüfel den wolt reiben,
Vnd dich von züchten, dugent dreiben,
Halt steiff vnd beiß die zen zuosammen
30 Vnd denck an got vnd seinen nammen:
Vnd sihe für ein exempel an,   [S. 74.]
Was sant Frantsiscus hat gethan.
Als er geleckt was von got,
Wie sich ein frummer lecken lobt,
Noch iuckt der tüfel im die fieß
Das er in kein stund ruowen ließ,
Mit vngkeuschheit doch aller meist
Kitzlebt in der selbig geist.
Er zog sich nackendt ab behend
40 Heimlich an einem end,
Da es sol lag des kalten schne,
Vnd dedt mit kelten im so we
Das im der kitzel gar verging
Das er schneballen vmmefing
Vnd sprach „Francisce, nim dein weib
Die dir bewaren sol dein leib!"
Der frumb / gietig vnd frintlich man
Hatt im do also we gethan
Das er darnach fieng reden an
50 „Hie bin ich einßich nacken gstanden.
Von des düfels list vnd seinen banden
Hab ich mich erlößt mit gewaldt.
Ob es dem tüfel schon nit gefalt,
Noch hab ich disen kampf gethan,
Ein ober winden bleiben stan.
Ob ich mir schon het don we
Mit disem ruwen kalten schne,   [S. 75.]
So darff kein pin dort förchten mee
Ich vor gottes augesicht
60 Dan an mir hat vnküschheit nicht."
Haltendt starck zuckt nit den suoß,
So in der tüfel reiben muoß

So fil im dan got das gestadt.
Da luog, der thuo ein manlich tadt!
Es gilt werlich das ewig leben.
Darumb so luog daruff gar eben!
Wir missebts nur mit fechten gwinnen
Mit hoher witz / vnd guoten sinnen.
Waß euch got zuo leiden git,
An im solt ir verzweifeln nit.   70
Ist schon das leiden vngehür,
Versuocht er golt nur mit dem für.

[XIX]   [S. 76.]

Ab giessen

Wan wir in reiben seint bestanden,
Daz nechst das vns den gabt zu handen,
Das ist das vns dan got abgüßt
Das aller vnflat von vns flüßt.

[Bild]

Wer von got abgossen würdt,   [S. 77.]
Kein sünden duot er nymmer fürt.
Der abguß geschicht so dick vnd fil
So offt sich got erbarmen wil
Vber vns vff disser erden,
So wir mit im versönet werden,   10
Im touff / ouch sunst / vnd in der beicht
Oder in dem dott filleicht.
Alß ab goß gots gietigkeyt
Magdalen die frumme meyd
Do sy vor gottes augen kam,
Von got ein leckin ane nam,
Wardt von got gebadet schon,
Vil sünd wardt ir do abgelon
Biß sy zuo letst wardt gar entzündt
Alß eins / das gantz im leben brindt.   20
Zuoletst wardt sy gegossen ab
Das all ir sünden flussendt ab.
Denn Cristus selber zuo ir redt,
So bald er sie abgossen het,

„Frow, all sünd verzeihe ich dir
Vmb liebin die du dreyst zuo mir."
Frielich wen got also abgüßt
Das alle sünden von im flüßt,
Vor got würdt er den also rein
30 Alß ob er sünde hette kein.
Sant Peter fragte vff ein zeit,
Wie offt er solt bieffende lüt
In dem bad abgieffen lon.
Gab im ein antwurt Christus schon.
„Petre," sprach er „das hat kein zal:
Dan sie sind wanckelmütig al,
Bescheissendt sich so mannig mal,
Sibenzig mal vff einen dag,
Siben mer alß ich dir sag.
40 Darumb so offt vnd dick sie kummen
Vnd haben vor abgüß genommen,
Güß ab sie zuo dem andren mol.
Der kessel bleibt dir dennocht fol
Laß mich für wasser sorgen dragen.
So offt sie zuo dir kommen clagen,
Wesch ab das arm durch mein gnad
Vnd reine sie in disem bad.
Sie sind mein gemech, ich ken sie fein,
Das keiner mag bestenbig sein,
50 Darumb gib ich gnad in allen
So offt vnd dick sie nider fallen.
Ich mag sie nit im dreck lon ligen,
So sie so cleglich zuo mir schreien,
Vmb stür vnd gnad, die selben armen,
Das sie im hertzen mich erbarmen,
Vnd hons doch nit verdient vmb mich
Das ich in helffe also gleich   [S. 79.]
Vnd gleich vff wisch in so geschwind
Dan sie seind all böse kind
60 Die mir vmb frintschafft werden sind.
Ie me ich in der gnaden thuo,
Ie me sie fluochen mir darzuo
Vnd kerendt sich doch wider vmb
Das sie wider werden krumb.
So ich nun bin der sach bericht
Daz solches vß bößheit nit geschicht,

Alein vß menjches blödikeit,
So wil ichs recht mit gütikeit
Mit in handlen in dem bad
Vnd offt vmb bößheit geben gnad,   70
Vnd wil ir schalckheit dultig tragen.
Wer weiß, sie werdens etwa klagen
[S. 78] Filleicht in ieren alten dagen."

[XX]   [S. 80.]

Ein badmantel geben

So wir vff erd nim mögendt leben,
So muoß man vns ein mantel geben.
Nüt mer dan solches vnderpfandt
Tragendt wir von desem landt.

[Bild]

Ach got mein her / der harten buoß [S.81.]
Die vnser ieder dragen muß
Das vns von allem guot vff erden
Nit mer mag dan ein leilachen werden,
Darin man vnseren leib bedeckt
Vnd wie ein block ins grab hin streckt. 10
Wer das selb mit witz betracht,
Der nem fil mer der dugendt acht.
Drinck vnd iß, got nit vergiß!
Bewar dein ere, der dodt ist gewiß.
Dir wirdt nit mer dan vmb vnd an
Zuo letst mit einem duoch dar van.
Das ist der mantel in dem bad,
So got dir gibt ein solche gnad
Vnd dich mit einem duoch vmb bindt,
So durch in so bist befindt,   20
Das du betrachtest / dodt / vnd / endt.
Wer ale ding zuom besten wendt,
Es enderendt sich doch alle stendt.
Richt dich mit züchten vnd mit dugent
In dem alter von der iugend,
Das du all zeit in eren dragst,
Nit erst dein sünd im alter clagst,

So du kein guots mer ieben magst,
Erst in der ern woltst an fahen seyen
30 Vnd im winter gerten mewen.
Es ist ietzund die zeit der gnaden, [S.82.]
Darin ein ieder sich mag baden.
Das im keyn sünden mer kan schaden.
Hab ich die gschrifft verstanden recht,
So wirt got dort kein bader knechdt.
Er wirt ein anders wesen dreiben
Vnd weder schrepffen / strelen / reiben:
Der bader wirdt zum richter werden,
Wirdt vrteil geben mit geferden.
40 Darumb so denck der letsten stundt
Die nit vß bleibt vnd sicher kumpt.
Sellig sei der erber man,
Der sich im bad rein weschen kan
Vnd leyt ein suferen mantel an!
Daß selbig solt also verston:
Wer sein leben halt so schon
Das man in seim sterben sagt
Guots von im vnd niemans klagt,
Der sein tag in eren dreibt
50 Bis man in / in den mantel leyt
Vnd spricht „nun lig, du frommer man!"
Der hat ein reinen mantel an.
Kein schoner ding vff erden kam
Dan wer ein früntlichs ende nam,
Das man beweinet seinen bodt
Vnd ieberman zuo grabe godt,
Hat hie vff erd ein erlichs wort, [S. 85.]
So wirt im dort bei got der hort.
O was edlen testamendt,
60 So er im dodt bleibt vngeschendt
Vnd frumkeit gibt im guoten nammen
Daz sich die kind sein nit beschammen
Vnd sprechent „ist der fatter mein
Schon vff erden arm gesein,
So drag ich doch die fröd dar van
Das man spricht, er was ein man
Der ieder man hat liebs gethan.
Den nommen den er mir verlabt,
Den acht ich für ein gülden stabt

Vnd alles guot das kam vff erden, 70
Das ietzund ist / vnd mag noch werden."

[XXI] [S. 84.]

Niderlegen

Mit sölicher grossen sorgen leibt
Got nider vns mit güttikeit
Das er vns wider findet schon
Wa er all glider hin hat gethon.

[Bild]

Wie wol wir alle sollendt sterben, [S.85.]
Noch wirt kein glid von vnß verderben,
Sie werden wider all erstan,
Vnd wirt ir keins im grund vergan.
Got hat sie in grosser huot
Alß dan ein fürsichtiger tuobt, 10
Der sein ding zuo sammen bindt
Vff das ers mornes wider findt.
Got hat ein solchen grossen gewalt,
Ob schon der leib in eschen faldt,
Noch kan ers alles wider bringen
Das mit zergodt von allen dingen.
Also nimpt er der eschen wor,
Die menschlich leiber warendt for.
Er legt sie darumb so reinlich nider
Das er sie bruchen wil all wider, 20
Das dödtlich mit vndödtlicheit
Zuo begaben / ist bereidt.
Wir seind leben oder dodt,
Sein hut noch dennocht got nit lodt.
Darumb solt betrachten das,
Die doten leib begraben bas,
Hin legen sie mit grossen eren.
Sie werdendt doch erwider keren
Von den dodbten all erston,
So got vns all will redten lon. 30
Der christ duot das in sonderheit [S.86.]
Das er sein doten erlich leidt:

Dan er das in seim glouben habt
Das ieder wider vfferstabt.
Darumb wir all der heiligen gebein
Erlichen halten also rein,
Dan wir das selb ein wüsen hon
Das got durch solche bein hat thon
Sein grosse wunder hie vff erden,
40 Durch welcher sellen wir ouch werden
Vor got gefirderbt mit fürbit.
Darumb wir das gebein lassend nit.
Es seind die glider vnd die bein
Darin ir selen worbendt rein,
Die ietz vor got nun bitten stebt
Das got im bobt vns nit verlebt.
Darumb wer boten ere an buobt,
Der wirbt im bot ouch haben huot.
Got vnd seine heiligen gemein
50 Bewaren ouch sein menschlichs gebein,
Niber legen also zarbt.
Als man golt vnd silber warbt,
All köstlich bing vnd edel gstein,
So werbens hieten deiner bein:
Wer die boten hie bnot eren,
Den wirt got dort mit gnab erneren.
Duonb als Magdalena bebt, [S. 87.]
Als Christum man erhencket hebt.
Noch wolt sie salben ben boten leib,
60 Das frum erlich vnd früntlich weib.
Des het sie gar erlichen lon
Das sie die frintschafft het gethon
Vnb Christum nit im bobt verlon,
Aller weib vff erb ein kron.
Der lon ben got ir hat geschenckt,
Des man hie vnb bort gebenckt
Zuo eren ires hochen nammen,
Den lon gibt Christus allen sammen
Die lieben sich mit innikeit
70 In werden der barmhertzikeit.

[XXII] [S. 88.]

Jn ruwen hüten

Jn vnserem schlaffen hüt vnß got
Der vnß im bobt ouch nit verlobt,
Jm grab vns alle bewaret hat,
Billich wie er im leben bat.

[Bild]

Kein apffel in den ougen stabt, [S. 89.]
Dem got nit groß bewarung babt.
Noch wirt er nie so wol behüt
Alß vns bewaret got mit güt.
Die engel die im himmel ston,
Sein gegenwürt nümmer verlon, 10
Die hat er vnß zuo hüten geben
Jn vnserem bobt vnd in dem leben,
Das sie vns bewarendt eben
Das sie vns nümmer mer verlossen,
Nit ein zeh am stein zerstossen.
Des seind die heiligen biecher sol,
Wie vns die engel bhüten wol,
Die straffen zeigen nach bisem leben,
Da got der dugendt lon wil geben.
Der engel zu Thobias seibt, 20
Alß er sein sun het heim beleit
Vnbt wider geben hat das gsicht
Vnd er in vor im kante nicht,
Den für ein menschen ane sach:
Der engel balb da zuo im sprach
„Thobia" sprach der engel fin,
„Wüs bu bas ich kein mensch nit bin.
Der fier höchsten engel zwar
Bin ich / sag ich bir offenbar,
Die stetigs vor gottes angesicht ston 30
Vnd noch den menschen nit verlon [S. 90.]
Got hat mich bir verordnet zue,
Das ich bir solche wartung thuo,
Alß bu bein krancken beteft laben,

Die doten heimlich vergraben,
Almůsen gabst vnd betst mit thrchen:
Das hab ich als von dir gesehen.
Da du mich nit mochtst vß erspehen,
Bin ich hart an dir gestanden,
40 Dein gůten werck nam ich zůo handen
Vnd opffert sie von deinen wegen
In gottes giet vnd seinem segen.
Darumb ich in dein nöten kum
Vnd stand dir bei, so du bist frum,
Da du dein not in himmel klagst
Vnd ouch iezund nit weiter magst.
Wo dein macht erlegen ist,
Da bin ich dir zůo stür gerist.
All weil der mensch nit gar erleit
50 Vnd iebet sich in diser zeit,
Stobt got nit bei in dem streibt.
Wo er aber weiter nit
Kummen kan vmb einen dribt,
Dan hilfft im got wo er hin bibt.
All weil der mensch selb fechten kan,
Warumb wolt im den got bei stan?
Gottes hůot ist also groß [S. 91.]
So krefftig / vnd ouch vß der moß
Das nit von deinem houpt ein hor
60 Mag verloren werden zwor:
Es ist alles sampt gezelet vor.
Nit ein wort gebt vß deim mundt
Vnd ouch kein bit von hertzen grundt,
Es ist verfasset vff der stundt.
Der des war nimpt, der stat bei dir
Vnd treit das selbig got dan fir.
Ein sünderliche freid dran hat,
Wo du důost ein frumme dabt.
Du schlaffst / du wachst / du seiest dodt,
70 Dein gegenwürt er nit verlot.
Es ist von got befolen im
Das er dich sol verlassen nim
Vnd zůo letst dich wider stellen
Zůo fröden oder zůo der hellen.

[XXIII] [S. 92.]

Wider anthůon

Am letsten dag, wans got gesebt
Vnd er vns für sein vrteil stelbt,
Von dem dobt erstondt wir weder
Vnd legendt an all vnser kleider.

[Bild]

So wir im bad vns hond gewesschen [S. 93.]
Vnd all im bod sind worden eschen,
Denn riefft vns got allsammen wider
Vnd gibt vnß leib vnd alle glider:
Vnd wirt dein leib sein also groß
Dick vnd lang in aller moß,   10
Alß er war gewesen vor
In seim drei vnd dreissigsten ior,
Het ers erlebt vff diser erden.
So werdendt wir so alt ouch werden
Vnd allsampt in dem alter sin
Alß Christus was da er starb hin.
Wellen / den got wil legen an,
Der wirt da scheinend vor im stan
Wie die son so clor vnd schon,
On leibes laster wol gethon.   20
Doch wie es werd den armen gon
Die hie nit werden in dem bad
Vnd vff ston wider in gots vngnad,
Das ist zůo sagen hie nit not,
Wie es ieren leiben gobt,
So wir das in warheit finden,
Das sie gottes hulden nimmer finden
Haben oder vberkummen.
Ir vrteil habent sie leider genummen.
Alein wil ich von denen schreiben,   30
Die in gottes genaden bleiben [S. 94.]
Den got durch sein barmhertzikeit
Ein schoner kleidung ane leyt
Den man hie vff erden treibt.

Es zimpt sich vff das baden wol:
 Wer da badt, der selbig sol
Schönere kleidung legen an
 Dan da er nit zuo bad wolt gan.
40 Sein leib der wirt nim döblich sein,
 So wirt sein kleidung geben schein
Wie die son vnd edel gstein,
 Vnd wirt der mackel haben kein.
Das ist, da von vns Christus seit,
 Für war das hofflich erlich kleidt
Das man nur zuo hochzeit dreidt.
 Da wirt kein scham noch forcht me sein.
So bschint sie nim der sonnen schein;
 Kein regen / vnd / noch wetterswe
Schadt den frumen lüten me.
50 Sie houbs erlitten alles gar
 Das keiner mee des warten dar.
Sie stond in aller sicherheit
 Vnd habendt fröd on alles leidt.
Das bad ist in so wol erschossen
 Das ire fröd ist vß der mossen:
So lieplich hat sie got entpfangen,
 Alß sie seind vß der badstub gangen. [S. 95]
Die kleidung der vndötlichheit
 Ist uns allen hie bereit.
60 Acht nur ein ieder wie er bieg
 Das er zuo got sich selb verstieg,
Vff das er in dieg selber an,
 So er das baden hat gethan
Da ewicklich vor got zuo stan.
 Vnsere werck ist sollichs kleidt,
Den sunst nüt anders mit im dreidt
 Ein ieder der von hinnen scheidt.
Das anber lat er alß da hinden
 Vnd fileicht sein grösten finden,
70 Darzuo seinen bösen kinden.
 Darumb so luogt vnd denckt daran,
Das got euch dort leg wider an.

———

[XXIV] [S. 96.]

Heim gon

Ich weiß kein heimet das wir handt
 Dan ob vns vnsers vatter landt,
Von dem wir nach der selen kamen,
 Ee wir das leben hie annamen.

[Bild]

Wo her ein ding vrspringlich ist, [S. 97.]
 Darzuo es ist alzeit gerist
Widerum dahin zuo gon.
 Darumb sag ich, es ist nit drou,
Wir kumment widerum zuo got:
 Ja wo vns vnser sünden lot. 10
Kein mensch kan vns die selen geben
 Noch vff diser erd das leben,
Es kumpt alß vns von got alein
 Was vnser sele antrifft gemein.
Darum so luogt vnd west vch rein,
 Nit wan ir sollendt heime gon,
Das ir erst wolten weschen lon.
 Die iunger deten eine fragen
Das Christus innen wolt betagen,
 Wo doch wer der selbig pfadt 20
Durch den man in den himmel gadt,
 Da vnser fröhreich heimedt stadt.
Er sprach „nach straffen fragt nit fürt,
 Hofft nur vff mein gegenwirt!
Ich bin alein der selbig weg
 Durch den ir gont den himelsteg.
Darumb so acht das keiner freg:
 Ir miessendt alle gon durch mich).
So fallendt ir nit sicherlich.
 Habt kein sorg vnd nempt nit acht, 30
Ob euch ein straffen wirt gemacht, [S. 98.]
 Haltent vch nur zuo dem heren,
So mag die straffen vch nemans weren.
 Er hat sie ein mal vff gethan

Das man vns muoß hinburchhin lan,
Ja wan wirs hond vnb got verschult
Vnd darzuo houbt sant Peters hulbt,
Der ben schlüssel barzuo hat,
In vnsers vatters erbteil lat,
40 In vnser heimet da wir woren
Ee daß vff erd wir seind geboren.
Hont guot fleiß / vnd habent acht
Das ir alzeit die straß betracht
Das ir nit struchend neben ab.
Von Christo ich das gehöret hab
Das es sey ein enge straß,
Vnd wenig menschen wissen das.
Werlichen ist er eng vnd hart.
Darin manch arm man verfart
50 Das er kumpt vff ein weite ban,
Da durch fil böser menschen gan
Vnd irrend vff dem weg so breit,
Der sie verfiert in herzen leit.
Dan facht sich an ir trouren meren,
So sie nit künnen wider keren.
Luogt das ir den weg wol leren!
Fragt dester mer, so irt ir nit
Vnd dienent fleissig ouch damit
Denen die in giengent vor.
60 Ich mein die lieben heiligen zwor
Die ietz in irem heimet seindt
Vnd ewiglichen gottes freindt,
So wir hie im ellend gon
Vnd leider mit got vbel ston,
Vnd deglich sehen mit den ougen,
Ob uns des vatterlandt an schouwen.
Wir weren alle gern darein
Vnd schickt sich keiner darzuo sein
Das wir in das heimet kemen,
70 Bey vnserem vatter fröd innemen.
All vnsere freind houbt da irn standt:
Nun grieß dich got, mein vatterland!

[XXV]   [S. 100.]

Wol leben

Wer nach dem baden heim ist gangen
Vnd alles weschen wol entpfangen,
Der luog vnd merck mein regel eben,
Das er darnach ouch wol sol leben.

[Bild]

Der lebt nit vbel, der wol lebt   [S. 101.]
Vnd nach zucht vnd eren strebt.
Wol leben wirt nit iederman,
Allein der sich recht halten kan,
Vnd dem dort got der fröden gan.   10
Sie habend manche red gethon,
Wie got vns wol wel leben lon.
Etlich habendt das geredt
Das es in essen / drincken stedt,
Alß das selb lernt Machmet.
Ist das dan sein wolleben gsein,
So ists gemein mit vnserm schwein.
Das selb schlecht ouch zun backen vn.
Die andern alß die iüdischheit
Ein ander meinung houbt geseit,   20
Daz got nach diser zyt mit flyß
Bewar vns im paradyß:
Da seind sie all zuosamen gesessen
Vnd werden geschorren boren essen
Vnd ouch von dem leinafan.
Wie wol ich halt ganz nüt dar van
Das vnser ewigs leben sey
Fressen vnd ein schlemerey.
Kein vernunfft begreiffet das
Die ie vff diser erden waß   30
Das vnsers lebens ewigkeit
Suffen, brassen mit ir breit. [S. 102.]
Darumb natürlich meister sagen,
Wer züchtich kan sich erlich dragen,
Der selb mag selligkeit criagen.

Doch hont sie das däbei geredt,
Das er sie nur vff erden hebt.
Christus hatts fil bas bedagt,
Da er von selligkeiten sagt.
„Wer hie" sprach er / „leidt bitterkeit,
40 Vmb got vnd die gerechtikeit
Würt vernolgt vnd ouch vertriben
Vnd dennocht ist in zucht bliben,
Der selbig mag vff disser erden
Anfenglich bei vns selig werden:
Denn er hat sicher gottes gnad
Vnd ist gewesen in dem bad.
Er wirt heim gon zuo seinen zeiten,
Wol leben ouch mit frummen leiten:
Doch nit mit drincken vnd mit essen,
50 Alß ieder kan das selb ermessen.
Gottes gegenwürt würt sein / sein speis:
Für die / es er kein mandelreis
Noch kein speis vff diser erden,
Die immer mag erdichtet werden.
Ob du das selb nit künst verston,
Soltu dich des berichten lon,
Das got der her kein lügner ist [S. 103.]
Vnd seim zuosagen nüt gebrist.
Er ist ein solcher frummer man
60 Der dir nüt verheiß hat than,
Er wirt dirs halten sicherlich
Nach diser welt in seinem rich.
Ich halt me vff sein gegenwirt
Dan vff das brot das schimlig wirt.
Da got ist, da manglet nit
Jetzundt vnd ewigir zit.
Verlaßt vch bruff vnd bachet nit.
Ich mein, kan er die gantze welt
Beschaffen wie es im gefelt,
70 So manche gattung bin erbichten,
Er kan mir ouch ein speis zuo richten
Die ich on arbeit vnd on mie
Nit kuwen mies alß ich thuo hie.
Verstand ichs schon nit wie es geschehe,
Vnd ichs bei im dort nimmer sehe,
Noch wil ich im vertruwen wol,

Als dan ein ieder frummer sol,
Er wirt mich hungers nit lon sterben
Vnd mit durstes not verderben.
Ich hoff, gibt er mir einen standt, 80
Er luogt ouch das wir zuo essen handt.
So frag ich gantz gar nüt darneben,
Wo mit er vns gab wol zuo leben, [S. 104.]
Es sey speis oder sein gesicht,
Nur das wir haben mangel nicht
Vnd wol leben alle zeit
Das vns nur mög gebresten nüt.
Ich es nüt den das bonenstro,
Wo mich das selbig macht so fro
Alß dan andere speysen duot, 90
Die vns zuom leben dienendt guot.
Kan er nun mir da machen das
Das mir sein angesicht schmacket bas
Dan alle speis die man hie macht,
Alein ich seins gesichtes acht.
Daran ich gar kein zweifel han,
Es werd vns wol bei im ergan.
Er wirts vns bieten also wol
Vff ein fart ein eintzigs mol
Das wir darnach seind ewig sol. 100
Des essens halben hatts kein span.
Mein gröste sorg leit mir daran,
Wie ich vff hin zuo im kem
Vnd das wolleben vne nem.
Darumb ich, her, dein gietikeit
Vnd gruntloß barmhertzikeit
Jetz an rieff mit threhen weinen:
Laß mich vor meinem dobt vereinen
Mich mit dir / schlag mich nit vß [S. 105.]
So du wol lebst in deinem huß! 110
Laß mir doch nur die bröslin werden
Die von deinem disch ab zuo der erden
Fallend nider gnaden reich.
Hilff, her, mir armen mechtigklich!
Ich darff sein wol, bruch all dein macht
Und hab meinr armen selen acht!
Ich hon so grosse sorg vnd angst,
Wo du mir nit dein hende langst,

Das ich flleicht möcht gar verfallen.
120 Darumb, mein her, so hilff vns allen!
Ach reicher got, merck vff vns eben,
Das wir wol mögen bei dir leben
Durch ewig freid die du wirtst geben!

Her nach volget von den natürlichen
vnd meyen bedern.

[XXVI]   [S. 106.]

Der Jungbrun

Wirtstu allt drei tusent iar,
Vnd kemst in disen brunnen har,
So hat der brun ein solche dugendt
Das er dir wider gibt die iugent.

[Bild]
  [S. 107.]
Es seind wol tusent menschen gestorben
Vnd von alterß halb verdorben,
Hettend sie gewißt die mere,
Wo doch ie der iungbrun were,
Der zu letst erfunden ist,
10 Darumb sie doch hond nüt gewißt:
Sie hettendt alß ir guot verzert
Bis sie der brunnen het ernert.
Nun so der brunnen ist erfunden,
So seindt wir doch so nötlich funden
Das wir es von alter sterben
Ee das wir nach dem wasser werben.
Christus sagt des brunnens art,
Da er dem heidnischen frowlin zart
Offlich sagt vnd gab zwerston
20 Wer das wasser möchte hon
Vnd im ouch möcht zuo drincken werden,
Den dürstet nimmer mer vff erden.
Es heißt zuo guotem dütsch der touff:
Wen da dürst, der selbig louff
Zuo dem iungbrunen mit begir.

Wirt er dir, so gloub das mir,
Ob du schon veraltet werst
Vnd von hertzen in be„erst,
So wirstu also iung vnd frisch
Alß ein kindt das geboren ist. 30
Christus hat das selb geseit, [S. 108.]
Wer von diser welt ab scheidt
Vnd nie in disem brunnen was,
Dem selben wirt doch nimmer bas.
Etlich kunnends nit verstan,
Wie alter sich veriüngen kan.
Ich kan das aber gar wol mercken,
Wan dich der iungbrun buot erstercken,
So gibt er dir ein solches leben
Das kein end kan nimmer geben 40
Vnd ist dir erst in ewikeit
Das leben durch den brun bereit.
Den iungbrunnen zöget an
Johannes der fil heilig man.
Der lernt ein menschen vorhin wol,
Wie er sich darzuo richten sol.
Woltstu das nit glouben mir
Das diser brun gibt iugendt dir,
So du doch bist ein alter man,
So sihe doch all zwölffbotten an, 50
Paulum vnd Cornelium,
Die muoter gottes also frum:
Die all darin gewesschen sindt
Vnd warden rein alß iunge kindt.
Vß alten luoten werden iung [S. 109.]
Von disem brunn / vnd sein vrsprung
Got halt den brunnen selbs in eren:
Ob vnser kind geboren weren
In gottes zorn seit Adams fal,
Das west der brunnen vberall. 60
So bald ein kind ist darein gesessen,
So hat got alles zorns vergessen
Ju / darzuo sein forsar allen,
Daran er vor het kein gefallen.
Das wasser nimpt hin allen vnflat,
Mit dem sich Adam beschissen hat
Vnd gibt darzuo heimliche genad.

[XXVII.]

Wörter / stein / vnd krütersafft [S. 110.]
Hab ich gehört, sie habendt krafft.
Das dient mir wol zuo disen sachen
Ein bad vß krüteren machen.

[Bild]

Ich weiß fier krüter zuo dem bad, [S. 110.]
Die freilich niemans brechten schad,
Wer in die krüter badstub kem
Vnd diß fier krüter zamen nem.
Ich hab das in der bibel gelesen,
10 Das zwen schöne böm seind gewesen
In dem heiligen paradeis
Der erst hat krafft zuo machen weis
Das bös zuo wissen vnd das guot.
Wer das zuo erst in kessel buot,
So gibt es einen solchen dunst
Da von der mensch erwirbet kunst
Guots vnd bös beidsamen zuo wissen.
Wan den der mensch des wer geflissen
Vnd leyt sein kunst nit vbel an
20 Die er von disem krut mag han,
So wörmt er dise badstub recht
Alß einer der nach gsuntheit fecht.
Der andere hat ein sundere dugendt
Vnd bhalt den menschen in der iugendt
Das er nümmer alten kan;
Das holtz des lebens wachsset dran.
Es ist das holtz darumb got sacht,
Ob Adam seines bods bedacht,
So wirt er dises holtzes nemen
30 Vnd anders zuo dem legen zemen
Das es ein dunst würt von in geben [S. 112.]
Da von Adam würt ewig leben.
Das im das selbig nit wider sier,
Sties er ein brennenden rigel fier
Vnd stelt ein starcken engel har
Das Adam nit mocht kummen dar.
Er schluog die badstub vor im zuo,
Die ich noch niemans vff mer thuo,

Das ich doch krüter nem daryn
Vnd meine badstub heyzet yn. 40
Da er das erste krut ab brach,
Ein grosse schantzen übersach.
Das krüter bad macht er zuo heiß.
Das ich noch hüt des dags nit weiß,
Wie er so kleglich hat gethon
Das vns die hitz noch rücht dar von.
Het er das krut des waren leben
Duch lernen brechen vns darneben,
Das kem vns offt vnd manchmal eben.
Doch so wir das verschimpfet hand, 50
Gestossen von dem vatterlandt
Mit im / seindt wir noch arme doren,
Die vnser erbdeil hond verloren.
Die freyterbad got mieß erbarmen!
Nun wörmen sinnen hie wir armen.
So wir der krüter nüt mer haben.
[S. 113.]
So weiß ich bennocht noch zuo graben
Zwen krüterbeim, die hon ouch krafft,
Beweisen hie ein meisterschafft.
Der erst ein palmen ist genant, 60
Da mit die iüdschen kinder hant
Geeret Christum Ihesum schon.
Den anderen fand ich wachsen schon
An dem weg vnd an der straß,
Daruff Zacheus gestigen waß
Vnd Christum Ihesum in ersahe,
Das im genad vnd heil beschahe.
Der selbig boum solch dugendt hat
Das er Zacheum bekeren dat
Von der welt zuo seinem got. 70
Das krüterbad wescht ab den kot.
Wer mit dem ersten got hie eret
Vnd mit dem andern zuo got keret,
Der selb kan nach der notdurfft baden
Das im zuo letst wirt nimmer schaden.

[XXVIII]

Der surbrun im Geppinger bad   [S. 114.]
Ist heilsam vnd bringt dir nit schad.
Wer sich darin ie weschen lies,
Nach der süre ward im sies.

[Bild]

Wan nach surem sies nit kem,   [S. 115.]
Niemans were, der sures vnnem.
Da Hercules im schlaffe was,
Ein lüstig vnd ein ruhe stras
Alle beid erkennet hat,
10 Wo iede iren gang hin hat:
Das die erst fieng lüstig an,
Versieret doch ein armen man
Das er nach kurtzem schlechten lust
Kam darnach in langen brust.
Der ander weg was ruhe vnd hart
Wie wol er aber lüstig dort
Schon / vnd minnicklichen wart.
Da macht er sich bald vff die fart
Den harten ruhen weg zuo gon
20 Bis er kam dort in zierden ston.
Er acht nit, obs im anfang were
Im zuo gon im wennig schwere.
Vnd wist wol, was hernacher kam,
Bis er nach sur das siesse nam.
Das sies nen ich das ewig leben
Das nach dem suren got wil geben.
Dan der sol mit des siessen han
Der bitters nit verdouwen kan.
Die welt zögt dir ein schönen blick,
30 Doch last zuo letst nit ire dick.
Ir bitters weret lange zeit,   [S. 116.]
Wie fast sie dir hie siesses git.
Alle keiser / künnig / heren
Hond sich vor leid nit mögen weren.
Es ist in allen zuo schaden kummen,
Die siesses hant hie vn genummen.
Wiltu sele vnd leib bewaren,
Zuo dem surbrunnen soltu faren

Vnd denck, die süre wert nit lang.
Schmackt sie schon nit im anefang,   40
Welcher mensch hierinen badt,
Vor got bringt es im nimmer schadt.
Hierin hat badet Magdalen,
Darumb sie ward so rein vnd schen,
Das ir in schöne die son entweicht
Vnd werlich nit den englen gleicht.
Diser surbrun springt von hertzen
Vnd flüst von ougen vß mit schmertzen
Vnd wescht ein menschen also rein
Als wer er nüt den helfenbein.   50
Mit dissem schönen brunnen lies
Cristus weschen im die fies,
Als Magdalena ir sünd klagt,
Die mynnekliche badermagt.
Kein edler bad vff erden kam,
Dis bad got selber vne nam.
Surbrunnen bad ist also guot   [S. 117.]
Das es dir reiniget leib vnd muot.
Ists nun als die geschrifft mir sagt,
Das in dem bad ein badermagt   60
Magdalena sei selbs gesin,
So wil ich werlich auch drin,
So Christus selb ist din gewesen,
Als ich in biechren hab gelesen,
So er doch kein franckheit hat.
Ziehen die ins surbrunbad
Die weder franckheit honkt noch schad,
So far ich billich auch darin
Ee das mich franckheit richt dahin.
Ist es schon im anfang herb,   70
So hör ich niemans der doch sterb
Vnd darvon im bad verderb.
Ich hör nur wol das widerdeil
Das sie daselbst all werden heil.
Welcher ie dar kummen was,
Dem ward von aller franckheit bas.

[XXIX]

Wer mercklich grosse schaden habt, [S.118]
Die im nit heilt ein iedes badt,
Der sol natürlich baden schon
Biß in die schaden all verlon.
[Bild]
Mercklich schaden heiß ich die [S. 119.]
Kein artzt vff erd kundt heilen nie.
Vnd der mensch im selb nit kan
Helffen das er kem daruan.
Adam hat vff ein zeit verwundt
10 Alle menschen vff ein stundt
Vnd sich selber vnd vns all
So kleglich bracht in einen fall,
Dan er vnd wir vß eigner macht
Hettendt nimer mer herwider bracht:
Alß manchem armen mer geschicht,
Der sich verwurrens hie verpfligt
Vnd mer verknipfft dan all sein frind,
Die imer werden / vnd ietz sind,
Vfflösen mögen oder kinnen.
20 Das kumpt von hochmietigen sinnen
Das wir offt wöllen sein vff erden
Mer dan wir nimmer mögen werden.
Hoffart die fiel von himmel ab,
Das ich seit nie vernommen hab,
Ob sie auch wider sei hin vff:
Wie wol ich halt gantz nüt daruff,
Vnd mein, den weg hab sie vergessen
Da sie vor zeiten waß gesessen.
Der tüfel gab das Adam yn,
30 Er wird gleich alß die götter syn
Vnd kleglichen bracht in spot. [S. 120.]
Warumb wolt er dan sein ein got
Vnd hochfartig begeret das
Im vnd vns nit müglich was?
Damit er vns in schaden bracht
Die nie kein artzt vnd nie kein macht
Vnß armen mocht erwider bringen,
Biß got sich iebt in disen dingen,

Vnß zuo heilen vnderstund,
Das nie kein mensch vff erden kund 40
Vnß natürlich zuo baden,
Weschen mit seim bluot den schaden.
Ich ließ waß Constantinus det,
Da er ein bad zuo gerüstet het
In seim sin von menschen bluot:
Das solt für vssatz werden guot.
Heilt menschlichs bluot die malacy,
So luog ob got ein artzet sey.
Da Adam straffet got so hart
Das er darumb offetzig wardt: 50
Vßgesetzet / mit geserbt
Vom paradiß off dise erd.
Von welem vssatz niemans in
Heilen mocht mit keinem sin.
All vernunfft vnd menschlich art
An im vnd vnß versuochet wardt.
Moises vnd all propheten
[S. 121.]
Vns francken gern geholffen hetten:
Ir lernung und ir prophecy
Nie halffen vnser malatzy. 60
Biß das der frum barmhertzig got
Gedencklich sehe vnser not
Vnd dedt alß duot der pellican,
Der seine iungen wecken kan
Vnd mit sein bluot das leben geben,
So er doch selber stirbt darneben.
Sein eigen bluot der selb got nam
Da er zuo vns vff erden kam
Darin er vns wolt früntlich baden,
Vnd weschen rein von Adams schaden, 7
Von bem vßsatz selber reinen
Vnd vnser iomer bitter weinen.
Er wist die rechte artzeney
Die vnß vertrib die maltzerey.
Vnd kundt natürlich beder machen
Die vnß wol binten zu den sachen,
Mit seinem bluot vnd eignem dodt
Erlöset hat vor grosser not.
O we dem armen menschen hie,

30 Das in das bad kam weschen nie!
Ach her, wie fil dem selben brist
An dem diß bad verloren ist!
Lob ere vnd danck dir, reicher Chrst.

[XXX]

Oelbaden ist guot sicherlich [S. 122.]
Das alle glid ergebendt sich.
Wo sich die glider zammen zwingen,
Die kan das öl vonnander bringen.

[Bild]
[S. 123.]
In iüdschen schreibern fund ich das,
Alß Herodes künnig was,
Das kranckheit an im vbernam
Vnd in ein solchen iomer kam,
Das lebendige wirme krochen
10 Vß seim Leib herußer stochen.
Da rietend im sein erzt gemein,
Begeret er gesunt / vnd rein
Zuo werden von dem grossen schaden,
So miest er sich in öl lon baden:
Sunst hilff darzuo kein artzeney,
Die in des leidens machet frey.
Nun seind wir ouch Herodes findt
Die mit wirmen behafftet sindt:
Wan sie ietz nit vßher kriechen,
20 So beitens doch biß das wir siechen.
Sie wartend nur vff ire stund,
Wan das stündlin vmber kumpt,
Dan sind wir ellend vnd ouch kranck
Vnd leidend alle glider zwanck:
Das ist des tods ein anfanck.
Wiltu den dauon nit sterben
Vnd in deiner sünd verderben,
So muostu dich in öl lon baden:
Sunst hilfft dir nüt für disen schaden.
30 Die salbung ist der heilig geist,
Er ist das ölbad allermeist, [S. 124.]

Das zwei mal in vnserem leben
Christen lüten wirt gegeben.
Alß wir noch bei dem touffstein woren,
Junge kindlin erst geboren,
Ward vnß das öl gestrichen an,
Der heilig Crisam lobesan,
Ein zeichen an die stürn gedruckt
Das durch den leib in die selen ruckt.
Alß ich das öl genomen hab, 40
Wuosch mir das bad al sünden ab
Das ich ward sufer vnd so rein
Alß ein weisser marmelstein.
Das ander mal so wir öl baden
Für vnseren bresten grösten schaden,
Das ist so alle vnser glider
Am ersten end sich legen nider,
Tötlich werden vnd auch lam.
Dan nim ich aber den Crisam,
Das ölbad laß ich streichen an, 50
Das meinen bresten heilen kan,
An meine ougen vnd die hend:
Wo al mein glider siechen wend,
Daran mir ist mein gröster schaden,
Laß ich den priester mich ölbaden.
Ich wird so rein, wers recht verstat,
Das ich ableg allen mein vnstadt: [S.125]
Die selbe reine scheint von mir,
Wan ich, hergot, stand vor dir.
Es ist das letste sacrament 60
Daz ich entpfahe von des priesters hendt,
Das all sein krafft vnd all sein macht
Das leiden Christi im hat bracht.
So wir in disem ölbad sitzen,
O got, so gilt es tötlich schwitzen.
Daz mag wol sein ein grausam hitzen.
Nun seind wir all darhinder kummen
Das wir das bad hond angenummen.
Nit iner ist vnser bit gemein
Daß vns das bad dort wesche rein. 70

[XXXI] [S. 126.]

Das teglich bad

Deglich baden ist kein not,
Und weschet dennocht ab den kot.
Wie wol ich noch ein weschung hab,
Die deglich kot ouch weschet ab.

[Bild]

Wer nit sonderlichen ist [S. 127.]
Zuo kranckheit vnd zuo we gerist,
Oder sunst am leib gebrist,
Der laß natürlich beder ston
Vnd wesch sich sunst deglichen schon,
10 Das er nit mieß im kot vmb gon.
Ich mein dieselben die nit sint
In sünden gantz vnd gar erblint
Vnd darin dötlich erstorben
Oder sunst vor got verdorben,
Die nit haben grossen schaden.
Solch dörffen nüt den deglich baden
Vnd nur ein wennig sich bespritzen,
Nit mit dem leib gantz darein sitzen.
Dan es hie hat ein sondere art,
20 Das man wol fil wasser spart.
Ein tropfen bringt so guoten gwin
Alß sestu gantz vnd gar darin.
Wo mit fleiß vnd mit andacht
Deglichen die messen wirt volbracht,
So stand herzuo vnd schem dich nit.
Wo der priester wasser git,
Das weschet ab deglich sünd
Vnd macht vß gottes feind ein fründ.
Du darffst nit gantz in kessel sitzen:
30 Las dich nur ein wennig spritzen!
Wan ein tropfen riert das gwand [S. 128.]
So bringt es durch den leib zuo hand
Bis es gereiniget hat die sel.
Förchtstu des tüfels vngefel,

Seine dück vnd all sein list,
Vnd wo dir vngehür sunst ist,
So hat das deglich bad die art,
Wo es ie hin geworffen wart,
Dan muoß der tüfel dennen weichen.
Das wasser lat sich wol vergleichen 40
Dem wasser das vom tempel floß
Vnd zuo der rechten hant vß goß
Von dem all menschen die dar komen,
Gesuntheit / schöne / vnd reine nomen.
Mit wörter krafft / vnd auch mit saltz
Wirt das bad gewörmet alß
Vnd am sondag aller meist
Für dötlich sünd den heiligen geist.
Darumb wers recht verstanden het,
Der heuck das wasser zuo dem bet, 50
Er schlaff / vnd wach / er lig / er stand:
So luogend das ir wasser hand!
Luog ein ieder wie er thuo!
Der tüfel hat nit rast noch ruow:
Wie der nit schlafft, der vns behiet,
So wacht er auch der mit vns wiet.
Wider in vnd seinen list [S. 129.]
Ist dis wasser zuo gerist,
Vnd ist ein guote badenfart,
Die fil holtz vnd scheiter spart: 60
Dan sie doch wirt von wörtern warm
Vnd kumpt vns wol, so wir sein arm.
Es west die doten all gemein
Vnd nit die lebenden allein.
In den grebern macht sie rein:
Wo ich ein doten ligen hab
Vnd nur ein wenig spreng vffs grab,
So kumts zuo guotem, wo es felt,
Den doten in der andern welt.
Christus Jhesus zeigt vns das, 70
Wo des wassers vrsprung was.
Des danck im got dem frummen man,
Der vns den grossen dienst hat than.

[XXXII]   [S. 130.]

Das wilt bad

Wan alle ertzt vnd beder fellen,
Vnd vns der bot greifft mit der fellen,
So ist der iüngste dauff das bad
Das manchen krancken macht gerab.

[Bild]

Das wildbad ist ein wilder man,[S.131.]
Ja freilich wild vnd selten zam.
Wer sein bad spart vff den bodt,
Der bleibt offt ligen in dem kot.
Gots giete / sein barmhertzikeit
10 Hond mir von dem wildbad geseit.
Wo ein mensch sein lebtag ye
In bedrn wer giwesen nie,
Wan zuoletzt der mundt wil stummen,
So möcht er noch bei zeiten kummen
Vnd in seim dod wol reinikeit
Hon durch gotts barmhertzikeit.
Das durch den iüngsten douff geschehe,
Wan er nur von hertzen iche:
„Herr, ich bin schwach / vnd halber dodt.
20   Darumb wesch du mir ab mein kot.
Ach her, louff bald, es duot ietz not."
Ich gloubs vnd hoffs zuo seiner zeit,
Wan in das wildbad kummen leit
Vnd got ermanen seiner gnad,
Er reinet sie im selben bad
Vnd sie in auch vor grossem schad.
Er hatts vor hin nie keim verseit
Durch sein gruntlos barmhertzikeit,
Dem seine sünd ie warden leit.
30   Kein quoter werckman kam doch nie
Vnzetlich spat oder frie.
Wie wol auch das herwiderumb [S.132.]
Das bad so wild ist vnd so dum,
Das mancher kummen ist zuo spot,

Der sein bad spart zuo letster not.
Nützt es schon durch eines bit,
So gerats darnach tusenten nit.
On vrsach heißt es nit das wild,
Darin es nit ein riemen gilt,
Die gantze hut muoß werlich dran.   40
Wer darin sacht baden an,
Thruw im wol / versihe dich doch,
Das wildbad hat ein finster loch,
Das mancher hat mit ingang droffen
Vnd gantz vnd gar darein geschlossen.
Das ich noch nit geschriben findt,
Ob sie doch rein gewesschen sindt.
Dan keiner ist erwider kommen
Von dem ich hett doch ie vernommen,
Der mir vom wildbad seit die mere,   50
Wie im das bad erschossen were.
So es nun so mißlich ist
Vnd vns im dodt gar fil gebrist:
Etlich kummen vmb vernunfft,
Etlich seind in der schelmen zunfft,
Etlich hond so grossen schmertzen
Das sie nit von grunt irs hertzen
Iren eignen wuost erkennen
[S. 133.]
Vnd farend mit dem kat von dennen.
Es manglet manchem worlich fil   60
Der in das wildbad faren wil.
Wan es schon leicht eim gerat
Das er nützlich kumpt ins badt,
So seind so fil der bösen find
Der keiner im das bad nit gint
Vnd ist in allen truwlich leit,
So du erholest reinikeit,
Vnd bruchen alles das sie wissen,
Wie sie dich widerumb beschissen.
Het der bader nit ein knecht,   70
Ein engel der dich hiet flecht,
So wird es werlich ruhe zuo gon.
Soltstu in allein widarston,
Nun so die sach so wunderlich
In disem bad vmköret sich

Vnd so manchem bin mißradt,
So hiet dich du in disem bad
Vnd spar dein wuost nit vff das end,
So ir gleich jetzund faren wendt.
80 Dan was wir in der jugendt leren,
Im alter lond wirs vns nit weren.
Er laufft gleich zuo der selben stadt
Die er lang zeit gelernet hat.
Weil du noch jung bist vnd gesunt,
So dien got alle zeit vnd stunt
Vß rechter lieb vnd hertzen grunt.

[XXXIII] [S. 134.]

Das schweiß Bad

Das schweißbad hat ein starcke art,
Da manchem in omechtig wart,
Der offt von kelltin alß von hitzen
Mues dinnen vß der massen schwitzen.

[Bild]

Jetz kum ich vff das fundament [S. 135]
Vnd vnsers badens zuo ein end.
Von andern badern ich nit wil
Fürter hin / mer reden fil.
Vff dem schweißbad ich wil bleiben,
10 Damit ich manchem kan vß treiben
Ein solchen grusamlichen schweiß
Das ich sicherlichen weiß,
Künd ich im nit ein lifrung geben,
Das schwitzen brecht in vmb sein leben.
Schweiß baden heiß ich vnser beicht,
Die manchem warlich ist nit leicht,
Das er lieber ein gantzes jar,
Stein brieg / den er das beichtet zwar,
Vnd facht von engsten an zuo schwitzen
20 Alß die im schweißbad dinnen sitzen
Von kelten alß von grosser hitzen.
Nun nimpt es mich ein grosses wunder

Von manchem weisen man besunder,
Warumb er schücht so grösslich dran
Das er so kum zuo beicht wil gan
Vnd förcht zuo beichten sich so hert,
Alß mancher förcht des henckers schwert.
Er schwitzt alß trüff ein nasser schoup,
Vnd zittert wie ein espenloup
Verlúrt die farben wie ein dot. 30
Kúnt ir bescheissen euch mit kot, [S. 136.]
Vnsuber machen vnd vnrein,
Mit manchen súnden, alß ichs mein,
Vnd trachtend alle nit herwider
Frum zuo werden oder biber,
Vch zuo weschen, so ir wissen,
Das ir so schendtlich sind beschissen,
Vnd dennocht so beschissen dondt
Zuo kirchen für gottes angesicht stont
Das euch der dreck der euch bescheißt 40
Schier nahe die ougen vßer beißt:
Das ist der kot vnd auch der wuost
Den du hie ab dir weschen muost,
Wiltu echter rein vnd schon
Für got vnd erbere menschen gon.
Wie fil weiß ich der selben leit,
Die alle stund vnd alle zeit
Nie abgewaschen hond den kott
Vnd honds lon gon recht wie eß gott
Biß das es got zuor lincken hant 50
Vnd jeder erst darnach erkant:
Het er den wuost gewaschen ab,
So wer er nit erstunden drab
Vnd von dem dreck also verdorben,
Darzuo in sein gestanck gestorben.
Wie wol ein jeder, der weiß ist,
Sie offt vnd dick ein wenig brist [S. 137.]
Vnd auch darzuo beschissen were,
Die arbeit solt nit lon im schwere.
Er solt sich gleich erweschen lon 60
Das er möcht rein zuo lúten gon.
So ir aber so fil sindt,
Laßt euch den wuost vnd euch den grind
Biß in uwer ougen zhien

Vnd finnend schweißbad reblich fließen.
So gbüt ich alß ich billich sol,
Das ir im iar doch nur ein mol
Kommen her zuo mir ins bad,
Das euch der wuost vnd kot nüt schad.
70 Zuo euwerem glück muß ich vch zwingen
Vnd zuo vwerm heil her dringen.
Ir buond recht wie die bösen kind,
Die gantz gar vbel zogen sind.

[XXXIV]   [S. 138.]

Dem bader Dancken

Der ist rein / an sele / vnd leib
Wer sich hie bat, wie ich das schreib.
Ist er dan von sinnen weiß,
So danckt dem bader er mit fleiß.

[Bild s. S. 38.]

Alß mich die not bezwungen hat [S. 139.]
Zuo sitzen in ein meyen badt,
Da ich durch frost vnd wetters we,
Regen / wint / vnd kalten schne
Erfroren was mit herter pein.
Alß ich hinab fuor vff dem Rein
10 Gen Franckfurt schedicklich darnider,
Erfroren mir al meine glider,
Das ich nim rein kund werden wider:
Tan ich so rüdig, schebig was,
Das mir doch kum mocht werden baß.
Als ich mich nun setzt in das bad,
Hat got der her durch sein gnad
Mir rein / vnd gsuntheit widergeben.
Darumb danck ich im ietz darneben.
Ich dicht diß buoch auß danckbarkeit:
20 Darumb ich fil von baden seit.
Wer sich wescht nach meinem dicht,
Der bhalt für ware kein mosen nicht,
Wirt an der selen tusent fart
Schöner / dan ie gebadet wardt

Kein leib mit wasser hie vff erden:
Sein sele muoß noch fil schöner werden,
Mein sele hon ich gebadt mit dichten
Vnd den leib mit wasser pflichten.
Ich weiß fürwar das nimmer schadt,
Wan vnser ieder also badt: [S. 140.] 30
Vnd wan er in ein badstub seß,
Der selen sein auch nit vergeß.
Doch sint man lüt so katzenrein,
Die iren leiben nur allein
Pflegen vnd got grieß, got geb,
Wie doch ire selen leb.
Soltens alle woch nit gon
In das bad, nit weschen schon,
Dem leib so zartlen alle tag,
Sie fürten aller welt ein clag. 40
Soltendts aber nur ein mol
In dem iar sich baden wol,
Mit beichten ire sele reinen,
Mit got im himmel ob vereinen,
So würdens / clagen / schreien, weinen.
Ein kint merckt das / sie hent me acht
Des leibs den er die sele betracht.
Er halt me vff den leib ein iar
Dan tusent vff sein selen zwar.
Wer sie das selbig hat gelert, 50
Der hat sie von der warheit fert.
Darumb hab ich dis dich: gemacht,
Das ieder mer der selen acht
Dan seines leibes hie vff erden,
Der doch muoß zu eschen werden,
So die sele bleibt ewikleich   [S. 141.]
Vor got ob / in dem himelreich.
Darumb so wesch dieselbig rein
Das sie behalt der mosen kein.
So hastu freilich wol gebadt, 60
Das dir dein lebtag nimmer schadt.
Find ich vnder tusent einen,
Der sich im bad würd also reinen
Vnd bessert sich auß meim gedicht,
So hoff ich das mein arbeit nicht
Sei von mir vmb sunst gemacht.

Darumb, mein got, nim beß wol acht,
Hab ich etwas nützlichs thon,
70 Das soltu, her, mich geniesen lon,
So ich nackend würd vor dir ston.

Nim an diß buoch in danckbarkeit:
Das du mir wider gebst gsuntheit
Meines leibs / des banck ich dir
Mit disem gdicht, das nim von mir!

Ich opfer dir dise badenfart,
Die armen sundren dichtet wardt
Vnd mir zum ersten ouch darzuo,
Das ieder wiß was er doch thuo.
80 Was were es das ich doctor were
Vnd geb dem armen man kein lere

Vnd freß den bettel gar vmb suonst,
So ich verhelet in mein kunst, [S. 142.]
So ich von inen hon das leben.
Das buoch wil ich in wider geben
In danckbarkeit irs guotten willen.
Werden sie das alß erfülen,

Wie das von mir verschriben ist,
So weiß ich das in nüme brist
90 In zeit vnd auch in ewigkeit,
Vnd ist mein müe wol angeleit,
Vmb ir guottat kinde nit betrogen
Vnd hont mich nit vergebes gezogen.
Ich hab alsſamen wol verdient,
Wo ſich ein menſch mit got verſient.
Doch werdent ſie mein dicht verlon,
So hab ich doch das mein gethon
Dem vngelerten geschriben ſein
Dis badenfart, nit zuo latein,
100 Das er ſich wiß zuorichten drein.
Ist er den gelert vnd kan,
So fint er vßwendig ſtan
Latiniſche meinung auch da by,
Wa ſolches her genumen ſy,
Vnd das es hab ein beſtant
Vß der heilgen geſchrifft zuo hant,
Die badenfart nit ſei bereit
Vß holem haffen dar geſeit.
Ist ſie guot, ich beger kein lob [S. 143.]
110 Allein das got im hinel ob
Solchs enpfohe in danckbarkeit
Do wider er mir gab geſuntheit.
Hab ich denn zuo kindſch geredt,
So wiſſent das ichs alles bet
In guotter meinung / das ſecht an
Vnd ſolt michs nit engelten lan.
So ich och thuon ſo früntlich leren,
So gedenckt durch got mein ouch zun eren
Vnd bitten got für mich mit fliß
120 Das er vor mir daz bad nit beſchliß!
Des gleichen ich in meinem meſſen
Vwer nimer wil vergeſſen.
Amen.
Seliglich getruckt durch
Johannes Grüninger
Zuo Strasburg im
Jar. M. d. xiiii.
vff ſant Oßwalts
tag.

[XXXV] [S. 144.]

Der baderin dancken

Nun gnad dir got, zart baderin!
Wen aller vnflat iſt dohin
Vnd abgeweſchen in dem bad,
So zimpt ſich das ich dir genad.

[Bild]

Ach zart rein, ſo genad dir got! [S. 145.]
Zuo dir all mein hoffnung ſtot
All mein troſt vnd zuouerſicht
Vergiß, frow, beiner diener nicht!
In ſunderheit gedenck mit fleiß,
Das wir zuo Strasburg ere vnd breiß 10
Für iederman hont in der welt,
Den vnſer münſter wol gefelt,
Das wir zuo lob deinß heiligen namen
So zierlich hont geſetzt zamen,
Des gleichen nit iſt in criſtenheit.
Das ſelb erken, zart reine meit,
So wir in ſunderheit dich eren.
Billich ſolt vnß für andre hören.
Des gibt vnß kuntſchaft weib vnd man.
Wer do kumpt gen Strasburg gan 20
Vnd ſehent das zierlich münſter an,
Der ſpricht, das hont frum lüt gethan
Die ſolch koſten vnd arbeit
Dir zuo lob hondt angeleit,
Dein ſchloß / dein huß / vnd dein palaſt,
Den du von vnſer arbeit haſt,
Doran wir dir deglich buwen
Vnd iniglich für dich knuwen.
Das ſuocht man weit in allem landt,
Wie ſchon ſie es dir erbuowen handt. 30
Es iſt für war bis balß ein kron, [S. 146.]
In die mit geſetzet ſchon.
Des ſolt du vnß genieſſen lon,
Ach kaiſerin in ſunderheit,

Das hertz, das Straßburg zuo dir breit,
Alle burger vnd ire kindt
Die dir so vnderthenig findt!
Vnser gewonheit muoß ich schreiben,
Alß wir sie gewonlich mit dir treiben.
40 Mein vatter lernt mich vff ein zeit,
Das mir zuo hoffnung kummet hüt
Vnd denck ietz sunderlich doran,
So ich nim hab den frummen man.
„Mein sun" sprach er, „volg meiner lere!
Wo du hin kumpst in die lender fere
Vnd ein botschafft heim her fündest,
So luog das du din gruoß verkündest
Vnser lieben frouwen har,
Das sie dich in der frembd bewar!"
50 Das hab ich alß mit fleiß gethon:
Wo ie ein bot wolt heim har gon,
Sprach ich „grieß mir die tusentschon!"
Fragt er mich, wer sie den were?
So sagt ich im meinß vatter lere,
Das er wer geboren vß dem lant
Dorin wir solche gwonheit hant,
[S. 147.]
Der wir on zweifel werden gnieffen.
Das wir die muotter gotts lont grieffen.
Sprach er dan „ich kum fillicht
60 Zuo Straßburg in das minster nicht:
Ein behemsch / crützer / was ich hat
Gab ich im / vnd fleissig bat
Das er wolt richten meinen gruoß
Den ieder billich halten muoß:
Kem er in das minster nit,
Das er doch zuo dem ersten brit,
So bald er vnser münster sehe,
Mein gruoß der muotter gottes veriehe,
Ein Auemari von meintwegen,
70 Das sie mich behiet mit irem segen
Vnd grüsset mir die tusendtschon,
Vnsers landts ein eren kron.
Wer disse gewonheit ietzundt list,
Het er sie vorhin nit gewißt,
So sol er sie doch ietzunt hören

Vnd auch dar zuo sein kinder leren.
Ob sie schon in deinem leben
Alß iung lüt nit mercken eben,
So gedenckendt sie doch erst doran,
Wen sie den vatter nime han   80
Vnd dancken dir der selben stunt,
So du ligst fulen in dem grunt.
Darumb nach meines vatter lere [S.148.]
Mein red ich ietzunt wider kere
Zuo der himelschen künigin.
Wen ich im bad gewesen bin,
All sünd mir abgegossen sindt
Vnd mich vmb geben hont die sint,
Mich armen wellendt dan beleiden,
So ich von disser welt muoß scheiden, 90
Das sie mich dan erst laß geniessen
Vß frembden landen meins grieffen.
Gedenck, zart reine meidt, daran
Das ich so manchen gruoß hab than
Vnd in der frembde dein hab gedocht
Mit griessen fil die man dir brocht,
Da ich dich zart nit sehen mocht.
Hab ich dein ere im hertzen tragen,
Mein gruoß dir früntlich lassen sagen,
Den ich dir ietzunt auch sagen sol.   100
Nun grieß dich got zuo tusent mol,
Der got, den du erlicheß weib
Nün monat truogst in deinem leib,
Der got der dich in eren breit
Das er sich mit deim fleisch becleit
Vnd dir kein bitt nie hat verseit.
Gedenck daran, zart keyserin,
Das ich von deinem lande bin,
Darin die vetter kinder leren [S. 149.]
Da heim / vnd in der frembd zuo eren 110
Dich in sonderheit all zyt.
Ouch liebent dich die frummen lüt
So fast, das sie im ior ein mol
Bringend dir erlichen zol:
Von dörffern / stetten / von dem land
Kummet so ernstlich gerandt
Mit iren steinen / kertzen / goben,

Von hertzen singende dich zuo loben,
Zehen tusent weib vnd man
Die mit processen kummen gan.
120 Es reg, es donder / blitz da mit,
Den gang sie vnderlasen nit:
Ob es schon were im größten regen,
Noch kumpt die herschaft in entgegen.
Fürsten / grauen / vnd ein radt
So erberlich entgegen gadt
Vnd heisend wilkum sein die frummen
Die dir zun eren dar sein kummen,
Das ich muoß glauben festeklich,
130 Du sehest das im himelreich
Bewareist vns mit sundrer gnad
Vnd winschst vns glück nach disem bad.
Das muoß ich offlich dabei mercken,
Straßburg dein stat die duostu stercken
Zeitlich / vnd auch in geistlichheit [S. 150.]
Zuo aller gnad bist vns bereit
In der stat vnd vff dem laud,
Da wir zwei bolwerck köstlich hand
Dem feind zuo thuon ein widerstaut.
140 Mit den feind wir so wol gerist
Das vns zuo weren nüt gebrist.
Zuo der sonnen mittag statt
Eins, da findt man dein genad.
Zuo der eich ist das genant,
Ein meil von vns dus vff dem landt.
Da hin manch mensch in widermuot

Gadt / als ein betrübter duot
Vnd clagt dir inneklich sein nodt
Das wol getröst heim wider godt.
Zum nidergangz das ander stodt, 150
Wyfferßheim sein nomen ist:
Daselb du so genebig bist
Das du der armen bit sichst an,
Die dahin kummen zuo dir gan.
Die zwei bolwerck vor vnser stat
Ein ieder burger offen hatt.
Wol dem der sich daruff verlat,
Vff dein güte vnd dein genad !
Gesegne mir, zart ffraw das bad,
Das mir nüm widerfar kein schad! 160
Ich hoff und truw, du seyest so frum,[S.151]
Wen ich vß dem bad kum
Vnd mich darin hab schon gereint,
Im himel ob mit got vereint,
Du nemmest mein so eben war,
Das ich mein lebtag nüm verfar,
Vnd nach dissem iomerdal
Nit kum in ewig todes fal.
Alß ein Straßburger truw ich dir,
Du werdest an dem stück helfen mir. 170
Du hast vns vor betrogen nie:
So wurt sie mir auch halten hie.
Wolhin, ich truw dir alles guot,
Alß mancher betribter me duot,
Du helffst mir auch vß widermuot.

Das zu dem vorstehenden Neudruck benutzte Exemplar ist das der kgl. Universitätsbibliothek zu Göttingen (Poet. Germ. 2459); ich wiederhole hier meinen herzlichen Dank für die Liberalität, mit welcher es mir zweimal zugesandt wurde. Andere Exemplare befinden sich nach Gödeke, Grundriss [1] 2, 217 in Lübeck, München und Wien.

Das Original enthält 76 Blätter in-4°. Im Göttinger Exemplar sind Blatt 6 und 7 beim Binden vertauscht worden. Die Seiten sind nicht gezählt, wohl aber finden sich Signaturen, wobei zu den Buchstaben A-P die Ziffern I und II oder III hinzutreten. Die Vorderseite des 4ten und die Rückseite des 76ten Blattes (also S. 7 und 152) sind leer. Die übrigen Seiten enthalten 26 Zeilen (am Schluss der Abschnitte auch weniger, zuweilen auch ein paar mehr) oder ein Bild in Holzschnitt, worüber 4 Zeilen Text und meist eine Ueberschrift stehen. Auf der ersten Seite dient der Titel statt des Textes; seine Rückseite bindet sich nicht an die gewöhnliche Verszahl.

Das Gedicht zerfällt in 35 Abschnitte, gewöhnlich von 72 Zeilen. Es ist deutlich, dass diese Gleichheit des Umfangs vom Dichter beabsichtigt war: es sollten wohl ursprünglich auf der Seite 24 Zeilen oder ein Bild, vielleicht mit der Ueberschrift stehen. Die Zahl 72 (71-74) wird auch in den ersten 25 Abschnitten eingehalten, abgesehen vom XII., der nur 66, und dem I. und XXV. Abschnitt, welche beide eine grössere Zahl haben; die späterfolgenden Abschnitte gehn dagegen meist über die Zahl 72 hinaus, wobei der XXIX. mit 83, und der XXXII. mit 86 den Raum durch ihren Text vollständig ausfüllen. Offenbar hatte der Dichter ursprünglich die 25 ersten Abschnitte für sich gedichtet, so dass immer auf die Bildseite 3 Seiten, zusammen mit je 72 (70-74) Zeilen Text folgen, der I. Abschnitt aber 4 Seiten Text, der XXV. (und vielleicht der schon als

Schluss hinzukommende XXXIV.) 5 Seiten Text enthalten
sollten. Aber vermutlich hielt sich der Holzschneider nicht an
die vorgeschriebene Bildgrösse, und die Verszahl reichte nicht
mehr ganz für den Raum aus. Seinerseits fügte der Dichter
nach seiner Art schnell fertig noch eine Reihe von Abschnitten
hinzu, die z. T. mit den vorher behandelten Gegenständen nur
lose zusammenhängen und durch eine Prosaunterschrift unter
XXV eingeleitet werden; in diesen neuen Abschnitten band er
sich selbst nicht mehr an die ursprünglich beabsichtigte Verszahl.
Der letzte Abschnitt XXXV ist hinzugekommen, als der
Satz bereits abgeschlossen war durch die Angabe der Druckerei
und der Vollendungszeit: s. Oswalds Tag (5. August) 1514.
Die Grüningersche Druckerei stand damals in ihrem Flor; sie
soll dieselbe Räume inne gehabt haben, aus denen der gegenwärtige Neudruck hervorgeht. Es bestätigt sich auch am Original dieses Werkes die Angabe von C. Schmidt, Zur Gesch.
der ältesten Bibliotheken und der ersten Buchdrucker Strassburgs (1882) S. 114, dass die Druckerei Grüninger einerseits
durch hübsche Ausstattung und gute Bilder ihren Büchern
einen besonderen Wert gab, während sie anderseits die Correctur mehr als billig vernachlässigte. Sinnstörende Druckfehler hielt ich nicht für angemessen zu wiederholen; ich stelle
hier die von mir verbesserten zusammen [1]:

I 27 kau 30 gibdt 37 nat 41 sellben armmen
54 wüchsche 90 schicnke. III 35 fach 36 Berracht
IV 39 sabk 56 dan 71 weißhet V 61 leöck VI 11 kort
16 Daß 47 ice VIII 30 standt 38 vil 43 ewirb 55 senit
IX 11 Der 16 sellber 27 Mier 40 nit X 25 Sas
XII 7 Srepffen 34 kenne 39 berrieben XIII 15

---

[1] Meinerseits haben sich leider folgende neue Druckfehler eingeschlichen:
I 23 Bxuchen l. Bruchen II 23 flleissig l.fleissig III 39 honp
l. houpt VII 21 ingent l. jugent XXII 72 bich l. dich XXIII 70
Darzuv l. Darzuo XXVI 55 luoten l. lotten XXIX verwurzen
l. verwurrens. Die I Ziffer sollte über der ersten Columne stehen, in
Abschnitt XVI alle Zahlen um eine Zeile tiefer angegeben sein.

Dari 53 deyen XIV 9 wercken / worten 40 erstrecken 20 hellig 39 yeben] weren 40 zhichen 51 keinrr 57 heatten 62 trist XV 32 Genumrn XVI 73 wartnung XVII 59 feündt XVIII 41 fo lag 51 seinem baden 53 gefalnt XIX 27 glagst XX 47 im sein 51 spriche XXI 30 gor 35 will all XXII 18 zergen XXIII 47 bschont XXV 75 vertrwen 106 grntloss 116 mein armenr XXVI 22 dürstert 34 silben XXVII 16 erwribet 31 gben XXVIII 16 dore 20 dor 38 solru 50 nur 52 Criflus XXIX 14 Dan (lies Den!) 22 mir 32 seinem got 40 kien 57 propeten 59 prohecy 60 user 62 sehe (l. sahe) 64 ka 80 weschrn XXX 5 iüdschem 11 gesuntheit XXXI 51 Er / schlaff XXXII 56 Eelich XXXIII 30 Velrurt 60 erwesche 64 zhien XXXIV 42 füten cag 61 freilch 85 im XXXV 8 dieiner diener 30 erbwüen 100 ietztznt 104 errn 134 Straßbüg.

Ich habe ferner die Abkürzungen (Dz = Daz u. a.) aufgelöst, die Eigennamen mit grossen Anfangsbuchstaben versehn, was im Original nur ausnahmsweise der Fall ist, die Abschnitte und ihre Zeilen beziffert. Die Interpunction habe ich hinzugefügt, ausser den / welche das Original ziemlich regellos im Versinnern setzt, wie es auch zuweilen einen Punct am Satzschluss hat. Am Rande steht zuweilen eine hinweisende Hand, was ich nicht berücksichtigt habe. Gern hätte ich die lateinischen Glossen wieder abgedruckt, eine genaue Beschreibung aller Bilder gegeben und endlich eine Erläuterung schwieriger Ausdrücke hinzugefügt. Aber in letzterer Beziehung wird schwer allen Anforderungen genügt werden können; für wissenschaftliche Zwecke wäre eine Grammatik und ein Glossar zu Murners sämtlichen Schriften sehr erwünscht. Vielleicht löst einmal Herr stud. phil. Feist diese Aufgabe; seine Abschrift des Originals hat überhaupt erst diesen Neudruck ermöglicht.

-bietungen von, in den Rahmen gegenwärtiger ...alung sich fügenden, Beiträge werden den ...rzeichneten jederzeit willkommen sein.

Die ersten Hefte werden folgende Arbeiten ent-
...en:

Heft I.: *Die deutsch-französische Sprach-grenze in Lothringen* von Const. This. 8°. 34 S. mit einer Karte (1 : 300.000). ℳ 1 50

Heft II.: *Ein andechtig geistliche Badenfahrt des hochgelerten Herren Thomas Murner.* 8°. 56 S. Neudruck mit Erläuterungen, insbesondere über das altdeutsche Badewesen, von Prof. Dr. E. Martin. Mit 6 Zinkätzungen nach dem Original. ℳ 2 —

Heft III.: *Die Alemannenschlacht vor Strassburg* von Archivdirektor Dr. W. Wiegand. 8° mit einer Karte.

circa ℳ — 60

Jede Buchhandlung, sowie die Verlagshandlung, ...immt Bestellung an.

Hochachtungsvoll

J. H. Ed. Heitz (Heitz & Mündel).